Weiterführend empfehlen wir in der gleichen Reihe:

Wir freuen uns über Ihr Interesse an diesem Buch. Gerne stellen wir Ihnen zusätzliche Informationen zu diesem Programmsegment zur Verfügung.

Bitte sprechen Sie uns an:

E-Mail: walhalla@walhalla.de
http://www.walhalla.de

Walhalla Fachverlag · Haus an der Eisernen Brücke · 93042 Regensburg
Telefon (09 41) 56 84-0 · Telefax (09 41) 56 84-111

Günter Mayer

Richtig

handeln im

Trauerfall

Kostspielige Fehler vermeiden

Bibliografische Information der Deutschen Bibliothek

Die Deutsche Bibliothek verzeichnet diese Publikation in der Deutschen Nationalbibliografie;
detaillierte bibliografische Daten sind im Internet über http://dnb.ddb.de abrufbar.

Zitiervorschlag:
Günter Mayer, Richtig handeln im Trauerfall
Walhalla Fachverlag, Regensburg, Berlin 2005

Hinweis: Unsere Werke sind stets bemüht, Sie nach bestem Wissen zu informieren.
Die vorliegende Ausgabe beruht auf dem Stand von März 2005. Verbindliche Auskünfte
holen Sie gegebenenfalls bei Ihrem Steuerberater oder Rechtsanwalt ein.

Nutzen Sie das Inhaltsmenü:
Die Schnellübersicht führt Sie zu Ihrem Thema.
Die Kapitelüberschriften führen Sie zur Lösung.

Schnellübersicht

Abkürzungen

BGB	Bürgerliches Gesetzbuch
BGH	Bundesgerichtshof
BSHG	Bundessozialhilfegesetz
BVerfG	Bundesverfassungsgericht
FamRZ*	Zeitschrift für das gesamte Familienrecht
ff.	mehrere folgende Paragrafen
FGG	Gesetz über die Angelegenheiten der freiwilligen Gerichtsbarkeit
GBl.	Gesetzblatt
GVBl.	Gesetz- und Verordnungsblatt
GVOBl.	Gesetz- und Verordnungsblatt
KostO	Kostenordnung
NJW*	Neue Juristische Wochenschrift
NJW RR*	Neue Juristische Wochenschrift, Rechtsprechungs-Report
SGB	Sozialgesetzbuch
OLG	Oberlandesgericht
RGBl.	Reichsgesetzblatt
VGH	Verwaltungsgerichtshof
z. B.	zum Beispiel

---

*) Dies sind juristische Fachzeitschriften, die sich in den Büchereien der Gerichte, vieler Universitäten und Anwaltskanzleien befinden und in welchen die genannten Entscheidungen der Gerichte veröffentlicht sind.

Kostspielige Fehler vermeiden

Es gibt eine Reihe guter Bücher – von denen einige auf den Seiten 141/142 aufgelistet werden, welche allgemein oder zu speziellen Fragen Ratgeber für die Regelung des eigenen künftigen Nachlasses sind. Außerdem kann heute davon ausgegangen werden, dass die Grundsätze der gesetzlichen Erbfolge und die einfachsten Formvorschriften bei der Errichtung eines Testamentes weitgehend bekannt sind. Deshalb wird auf diese Fragen nur im ersten Kapitel und auch nur stichwortartig und ergänzend eingegangen.

Der Verfasser weiß aber, dass sehr viele Angehörige ratlos vor den Problemen stehen, die ein – evtl. sogar plötzlicher – Todesfall in der Familie aufwirft, ganz besonders wenn jener Partner stirbt, der bisher überwiegend die Geschäfte des Alltags erledigt hat und die Hinterbliebenen bisher darauf verzichtet hatten, an dieser Erledigung beteiligt zu werden. Aber auch wenn der Verstorbene die angefallenen Unterlagen sorgfältig und sachgemäß geordnet hinterlassen hat (dazu Seite 142), werden die Hinterbliebenen alsbald mit einer Reihe von Problemen befasst und mit der Notwendigkeit – teils eilbedürftiger – Regelungen konfrontiert, denen sie hilflos gegenüberstehen. Dies gilt umso mehr, wenn zwischen den Angehörigen keine Einigkeit besteht. Da es kaum öffentliche Stellen gibt, welche im Trauerfall umfassend Rat erteilen, will dieses Buch eine Informationslücke füllen.

Trauerfälle treffen irgendwann alle Familien, oft genug unvorhergesehen. Daher sollte dieses Buch nicht erst in der Hektik nach einem Todesfall, sondern rechtzeitig und in Ruhe durchgelesen werden. Dies vermeidet kostspielige Fehler. Außerdem müssen einige der hier gegebenen Anregungen schon vor Eintritt des Trauerfalles bedacht werden.

Ganz besonderen Wert legt der Verfasser auf Vorschläge, wie man die oft nicht unerheblichen Kosten reduzieren kann. Wer diese Vorschläge kennt, kann bei den anfallenden Gebühren erheblich sparen; weit mehr als den Kaufpreis des Buches.

Wichtige Begriffe

Erblasser	Verstorbene Person, um deren Nachlass es jetzt geht.
Friedwald	Beisetzung einer Urne in einem Wald bei einem Baum, ohne Grabzeichen.
Gesetzlicher Güterstand	Güterstand, in welchem alle verheirateten Personen leben, die keinen notariellen Gütervertrag abgeschlossen haben (so genannte Zugewinngemeinschaft).
Lebensgefährte	Volkstümlicher Ausdruck für einen Mann oder eine Frau, wenn das Paar wie Eheleute zusammenlebt, ohne verheiratet zu sein.
Lebenspartner	Leben in einer eingetragenen, gleichgeschlechtlichen (schwulen oder lesbischen) Lebensgemeinschaft.
Nachlassgericht	Eine Abteilung des Amtsgerichts, welche sich mit Nachlassangelegenheiten befasst.
Nichteheliches Kind	Früher „uneheliches Kind" genannt.
Rechtspfleger	Beamter des gehobenen Justizdienstes, der ehemals richterliche Tätigkeiten ausübt. Wer zum Nachlassgericht kommt, wird dort wohl immer einen Rechtspfleger antreffen.
Seebestattung	Die Urne wird im Meer versenkt.
Zugewinngemeinschaft	Siehe „Gesetzlicher Güterstand".

Bereits zu Lebzeiten bedenken

1

Die gesetzliche Erbfolge

Jeder Verstorbene hat Erben – und sei es der Staat. Wer keine letzt-willige Verfügung hinterlassen hat, wird nach den Regeln der gesetzlichen Erbfolge vom Ehegatten bzw. vom gleichgeschlecht-lichen eingetragenen Partner und/oder seinen Kindern bzw. Ver-wandten beerbt. Es wird davon ausgegangen, dass heute jeder weiß, wer ihn beerben wird, wenn er keine letztwillige Verfügung hinterlässt. Anderenfalls sollte auf eines der Bücher Seite 141 f. zurückgegriffen werden. Wer mit dieser ihm bekannten Regelung zufrieden ist, muss kein Testament machen.

Inhalt einer letztwilligen Verfügung

Wer sollte ein Testament machen?

- Wer eine andere Erbfolge als die gesetzliche Erbfolge will.

- Eheleute, die keine noch lebenden Kinder bzw. Enkel haben, besonders wenn Grundbesitz (Haus, Bauplatz, Eigentums-wohnung) zum Nachlass gehört.

- Wer mangels Kinder/Enkel von Geschwistern bzw. deren Kin-dern (Neffen, Nichten) beerbt wird und hierbei mehr als eine oder zwei Personen als Erben in Betracht kommen.

- Unbedingt: Wer weder Kinder/Enkel noch einen Ehegatten/Partner und auch keine Geschwister bzw. Neffen/Nichten hat. Der Dank des Nachlassgerichts ist ihm gewiss, da ande-renfalls bei der Erbenermittlung unüberwindliche Schwierig-keiten zu erwarten sind.

Was muss man unbedingt wissen?

Es sind weniger die formellen als die inhaltlichen Mängel, welche ein Testament unbrauchbar machen und zu Ergebnissen führen, die der Verstorbene so nicht wollte. Man sollte auf keinen Fall versu-chen, über jeden einzelnen Nachlassgegenstand zu verfügen. Viel-mehr sollte am Anfang eines Testamentes stehen, wer der Erbe sein soll. Dies können auch mehrere Personen sein, wobei dann der Anteil angegeben werden soll. Der oder die Erben werden mit dem Tod des Erblassers Eigentümer (mehrere gemeinsam in Erbengemeinschaft) des gesamten Nachlasses.

Wichtig: Unbedingt den oder die Erben benennen.

Einzelne Gegenstände oder auch Geldbeträge können Dritten vermacht (**Vermächtnis**) werden. Die Berechtigten müssen dann vom Erben die Herausgabe/Zahlung verlangen.

Es kann bestimmt werden, wie die mehreren Erben den Nachlass unter sich zu verteilen haben (**Teilungsanordnung**), wobei man aber keine Kleinigkeiten regeln sollte.

Es kann einem Erben oder einem Vermächtnisnehmer eine **Auflage** gemacht werden, mit welcher die Erbeinsetzung bzw. das Vermächtnis verbunden wird. Häufig geschieht dies zur Regelung der Grabpflege. Nach neuerer Denkweise wird zunehmend damit auch die künftige Pflege von Tieren abgesichert, die nach unserem Erbrecht nicht „Erbe" werden können.

Beispiel – wie man es nicht machen soll:

„Ich bestimme hiermit letztwillig, dass mein Sohn Hans das Haus, meine Tochter Luise alle Sparkonten und mein Enkel Fridolin – Kind des verstorbenen Sohnes Otto – mein Aktiendepot und meine Freundin Barbara meine Diamantkette erben sollen!"

Worin liegt der Fehler?

Da nicht feststeht, dass die Werte „Haus", „Sparkonten" und „Aktiendepot" gleichwertig sind, kann das Nachlassgericht die Erbquoten nicht oder nicht ohne weiteres feststellen. Wollte der Verstorbene seine drei Abkömmlinge gleichstellen, wird dies hiermit nicht erreicht. Je nach dem Wert der Diamantkette könnte evtl. auch noch Barbara als Miterbin in Betracht kommen, obwohl dies wahrscheinlich nicht gewollt war.

Beispiel – wie man es besser machen könnte:

Ich setze hiermit meine Kinder Hans und Luise und meinen Enkel Fridolin als Erben zu je einem Drittel ein. In Anrechnung auf ihren Erbteil soll Hans zum Preis von 200 000,– EUR das Haus, Luise die Sparkonten und Fridolin das Aktiendepot, jeweils zum Wert per Todestag, übernehmen. Meine Freundin Barbara erhält meine Diamantkette.

- Der erste Satz ist die Erbeinsetzung. Es ist klargestellt, dass die drei Personen zu gleichen Teilen Erbe werden sollen. Diese Erbeinsetzung umfasst insbesondere auch jene Nachlassgegenstände, über welche nicht ausdrücklich verfügt wurde.

- Der zweite Satz enthält eine Teilungsanordnung. Damit wird angeordnet, wie der Nachlass unter den Erben zu teilen ist. Bei Grundbesitz sollte man den „Anschlagspreis" angeben, damit insoweit kein Streit entsteht. Wertpapiere und Guthaben können mit dem eindeutig feststellbaren „Wert per Todestag" vererbt werden. Der Satz bringt genügend klar zum Ausdruck, dass zwischen den Erben ein Wertausgleich stattzufinden hat, so dass jeder am Schluss wertmäßig 1/3 hat.

- Der dritte Satz ist ein Vermächtnis. Barbara kann von den Erben die Übereignung der Kette verlangen.

Wichtig: Ist Grundbesitz vorhanden, müssen die Erben zur Durchführung der Teilungsanordnung zum Notar. Eine unmittelbare Umschreibung des Grundbesitzes auf den Übernehmer ist nicht möglich; auch dann nicht, wenn die Teilungsanordnung in einem notariellen Testament steht.

Man kann eine geschäftskundige Person seines Vertrauens damit beauftragen, nach dem Tod den Nachlass zu verwalten oder/und ihn unter die Erben zu verteilen. Diese Person nennt man Testamentsvollstrecker. Damit kann man Sicherheiten einbauen, wenn der Erbe leichtsinnig oder noch minderjährig (Enkel) ist und der Erblasser den Eltern nicht traut.

Welche Testamentsformen gibt es?

Das eigenhändige Testament

Man kann sein Testament auch selbst schreiben. Unverzichtbar ist, dass es mit der eigenen Hand geschrieben und unterschrieben wird. (Ausnahme für Eheleute Seite 14 f.). Ungültig wäre also

- Computer- oder Schreibmaschinenschrift;

- Schreibhilfe durch einen schreibkundigen Bekannten.

Auch sollte der Ort der Abfassung und das Datum angegeben werden. Dies ist besonders wichtig, wenn

- mehrere Testamente hinterlassen wurden (dann gilt bei widersprechender Verfügung das letzte) oder

- wenn der Testierende gegen Ende seines Lebens altersbedingt hilflos wird und vielleicht sogar einen Betreuer braucht – und dann jemand behauptet, er hätte das Testament bereits im geschäftsunfähigen Zustand geschrieben.

Wegen der Möglichkeit, eine Anweisung für die Bestattung außerhalb des Testaments auch ohne Beachtung dieser Form zu erteilen, siehe Seite 28.

Das notarielle Testament

Es wird auch „öffentliches Testament" genannt, obwohl es natürlich nicht öffentlich ist, sondern unter das Berufsgeheimnis des Notars fällt. Das Notarwesen ist landesrechtlich verschieden geregelt. In manchen Bundesländern kann ein Rechtsanwalt gleichzeitig Notar sein, dann sind aber nicht alle Rechtsanwälte auch Notare. In anderen Ländern sind die Notare nicht gleichzeitig Anwälte und schließlich gibt es auch noch Sonderregelungen.

Wichtig: Natürlich kann ein Rechtsanwalt – gegen Honorar – auch in Erbfragen beraten und einen Testaments-Entwurf fertigen. Aber er darf das Testament nicht endgültig schreiben; das darf nur ein Notar.

Bereits zu Lebzeiten bedenken

Bevor Sie zum Notar gehen

- überlegen Sie sich ganz genau, was Sie regeln wollen;

- vereinbaren Sie einen Besprechungstermin;

- bitten Sie den Notar nach der Besprechung um einen Entwurf, den Sie zu Hause nochmals in Ruhe durchlesen und bedenken können,

- und beurkunden Sie erst dann in einem zweiten Termin das Testament.

Man könnte auch ein fertiges Schriftstück mitbringen (das auch z. B. auf dem Computer geschrieben sein könnte) und dies dem Notar als Testament übergeben. Da dies weder sinnvoll noch billiger ist, geschieht es in der Praxis so gut wie nie.

Natürlich erhebt der Notar eine Gebühr, die sich nach dem zu vererbenden Vermögen richtet und nicht ganz billig ist. Aber der Notar kann nicht verlangen, was er will. Seine Gebühren sind gesetzlich geregelt und die Gebührenerhebung wird vom Präsidenten des Landgerichts überwacht. Natürlich kann man vorher fragen, was es kostet, wenn der Wert des Vermögens angegeben wird.

Wichtig: Wenn Grundbesitz vererbt wird, können die Erben viel Geld sparen, wenn das Testament beim Notar errichtet wurde. Dazu Seite 72.

Das gemeinsame Testament

Eheleute oder Personen, die in einer gleichgeschlechtlichen Partnerschaft amtlich registriert sind, können ein gemeinsames Testament machen. Andere Personen, also z. B. der nichteheliche Lebensgefährte, Geschwister, oder Freunde/Freundinnen (die nicht als lesbische oder schwule Partner registriert sind) können dies nicht.

Form des gemeinsamen Testamentes

Einer der beiden Eheleute/Partner schreibt den gesamten Testamentstext, unterschreibt und setzt Datum und Unterschrift ein. Der andere unterschreibt nur (besser: er fügt einen zustimmenden Satz bei), wobei er ebenfalls das Datum beifügen sollte.

Ein solches Testament kann natürlich auch beim Notar errichtet werden, wo es allerdings doppelte Gebühr kostet.

Inhalt des gemeinsamen Testamentes

Beide Ehegatten/Partner bestimmen, wer Erbe werden soll, wenn der erste von ihnen stirbt. Meist bestimmen sie auch, wer Erbe des anderen nach dessen Tod werden soll.

Achtung: Hier droht ein Risiko! Von dieser Bestimmung kann der länger Lebende nach dem Tod des ersten Partners meist nicht mehr zurücktreten, falls dies nicht deutlich bestimmt ist. Auch Schenkungen an Dritte können evtl. später angefochten werden. Wenn also Eheleute ein solches Testament errichten, müssen sie sich unbedingt vorher über Folgendes einig sein:

Was hat für uns Vorrang:

- Absicherung des Überlebenden! Dann muss bestimmt werden, dass dieser die Verfügung auch noch nach dem Tod des Erstversterbenden ändern kann, um z. B. auf Wohlverhalten oder Missverhalten eines Kindes zu reagieren.

- Absicherung der gemeinsamen Kinder, damit der Nachlass später nicht an den Lebensgefährten des Überlebenden geht. Dann muss die Bindungswirkung erhalten werden.

Soweit mehrere Kinder vorhanden sind, ist eine „Pflichtteils-Klausel" üblich. Dazu Seite 100.

Wird die Ehe geschieden oder liegen die Voraussetzungen für eine Ehescheidung vor und einer der Partner hat diese beantragt oder ihr zugestimmt, erlischt das gesamte Testament, falls nicht anzunehmen ist, dass dieses Erlöschen nicht gewollt war. Also muss jetzt jeder Ehegatte für seinen eigenen Sterbefall ein neues Testament errichten[1].

---

[1] Für Lebenspartner gilt Ähnliches.

Notarielles oder eigenhändiges Testament?

Warum sollte man zum Notar gehen?

Der Verfasser rät grundsätzlich zum notariellen Testament und zwar aus folgenden Gründen:

- Laien benutzen häufig rechtlich fixierte Begriffe falsch und stiften damit Verwirrung.

- Häufig behaupten übergangene Personen, der Verstorbene sei „nicht mehr zurechnungsfähig gewesen". Da der Notar seinen Eindruck von der Geschäftsfähigkeit im Testament festhält, ist ein solcher Einwand gegen sein Testament kaum durchsetzbar.

- Sinnlose oder rechtlich unzulässige Verfügungen werden verhindert.

- Man kann sich darauf verlassen, dass der letzte Wille auch rechtlich „wasserdicht" formuliert ist.

- Spätere Gebührenersparnis beim Gericht, siehe Seite 72.

Wer sollte unbedingt zum Notar gehen?

- Personen, deren Geschäftsfähigkeit auf Grund Alters oder Krankheit angezweifelt werden könnte.

- Wer andere Personen als nahe Angehörige (Ehegatte, Kinder, Enkel, Neffen, Nichten) einsetzen oder viele Vermächtnisse anordnen möchte.

- Wer rechtlich komplizierte Regelungen beabsichtigt, also z. B. Vor- und Nacherbschaft, Testamentsvollstreckung, Nießbrauch oder Wohnungsrecht für bestimmte Personen, andere Auflagen (dazu Seite 77) als für die Grabpflege oder nicht ganz einfache Teilungsanordnungen (dazu Seite 12).

- Minderjährige oder Personen, die „Geschriebenes nicht zu lesen verstehen", können nur beim Notar testieren.

Andere Testamentsformen

Der Erbvertrag

Einen Erbvertrag – der nur bei einem Notar geschlossen werden kann – schließen zwei oder mehrere Personen, indem alle oder auch nur einer eine Verfügung über seinen künftigen Nachlass trifft. Dabei kann auch ein am Vertrag nicht beteiligter Dritter bedacht werden. Einen solchen Vertrag können grundsätzlich alle (geschäftsfähigen[2]) Personen schließen, also nicht nur Ehegatten bzw. Lebenspartner, sondern auch Geschwister, Freunde, Lebensgefährten. Ehegatten schließen häufig einen Erbvertrag zusammen mit einem Ehevertrag.

Das Wesen des Erbvertrages besteht in seiner Verbindlichkeit. Falls nichts anderes vereinbart, ist auch zu Lebzeiten aller Partner meist kein einseitiges Rücktrittsrecht möglich. Auch können später u. U. Schenkungen rückgängig gemacht werden, welche einer der Partner in der Absicht vorgenommen hat, einen Vertragserben oder Vermächtnisnehmer zu benachteiligen. Unter besonderen Umständen kann ein Erbvertrag angefochten werden, was immer eingehende rechtliche Beratung erfordert.

Wichtig: Wer einen Erbvertrag schließt, muss damit rechnen, daran für immer gebunden zu sein. Auch können Gegenstände, über die im Vertrag verfügt ist, nicht mehr folgenlos verschenkt werden. Abweichender Wille muss mit dem Notar erörtert und im Vertrag geregelt werden.

Ein Erbvertrag zwischen Eheleuten bzw. Lebenspartnern erlischt, wenn die Ehe geschieden oder die Partnerschaft rechtswirksam aufgelöst wird, auch wenn die Voraussetzungen für die Scheidung/Aufhebung vorliegen und einer der Vertragsschließenden dies beantragt oder dem zugestimmt hat[3].

---

[2] Ausnahmen für minderjährige Ehegatten oder Verlobte siehe § 2275 Abs. 2 und 3 BGB.
[3] Für Lebenspartner gilt Ähnliches.

Das Nottestament

Vor dem Bürgermeister

Wer sich an einem Ort aufhält, der so abgesperrt ist, dass kein Notar ohne erhebliche Beschwernis zu erreichen ist, kann beim Bürgermeister dieses Ortes ein Nottestament errichten. Gleiches gilt, wenn ein Notar zwar grundsätzlich erreichbar wäre, infolge der angenommenen nahen Todesgefahr aber zu befürchten ist, dass dieser nicht mehr rechtzeitig kommen könnte. Davon ausgehend, dass die Bürgermeister wissen, was zu tun ist, soll dies hier nicht erklärt werden.

Vor drei Zeugen

Kann auch kein Bürgermeister rechtzeitig erreicht werden, kann ein Testament vor drei Zeugen errichtet werden. Als Zeuge nicht mitwirken darf, wer selbst etwas bekommen soll oder mit einer Person, die etwas bekommen soll, verheiratet ist oder war oder verwandt oder verschwägert ist.

Der Testierende erklärt den Zeugen mündlich seinen letzten Willen. Die Zeugen müssen dann über die Testamentserrichtung eine Niederschrift aufnehmen, die nach Möglichkeit noch vor dem Tod des Testierenden verfasst und von diesem – wenn möglich – unterschrieben werden soll. Aus ihr soll hervorgehen, dass weder ein Notar noch ein Bürgermeister rechtzeitig zu erreichen war. Die Rechtsprechung hat sich bemüht, ein solches Testament aufrechtzuerhalten, falls nur der Wille des Verstorbenen unzweifelhaft zum Ausdruck kommt und Mindesterfordernisse der Form gewahrt sind. Es sollte daher möglich sein, die Niederschrift insgesamt auch noch nach dem Tod des Testierenden zu schreiben, falls dies im Einzelfall nicht sofort möglich ist. Lediglich der eigentliche „letzte Wille" muss sofort schriftlich festgehalten und dem Testierenden vorgelesen und von ihm bestätigt werden, was durch Worte, nicht durch Gesten, erfolgen muss. Die Niederschrift muss ausweisen, dass dies geschehen ist.

Beispiel:

Nottestament des Michael Engel

Am 20. August 2004 um 17 Uhr stürzte Michael Engel aus Thalkirchen als Teilnehmer an einer Bergwanderung am Hochvogel ab und verletzte sich schwer. Es bestand nach der Überzeugung aller Anwesenden die dringende Sorge, dass er nicht mehr lebend zurückgebracht werden könne. Er war ansprechbar und erklärte den anwesenden Wanderkameraden, dass er unbedingt noch ein Testament errichten wolle.

Anwesend waren außer dem Verunglückten:

  a. Fritz Müller, Bergführer in Mittelhausen,

  b. Franz Mayer, wohnhaft in Schönbrunn und

  c. Karl Metzger, wohnhaft in Neustadt.

Keiner von ihnen ist mit dem Verunglückten, seiner Ehefrau oder Michael verwandt oder verschwägert.

Der Verunglückte erklärte:

Wenn ich versterben sollte, soll meine Ehefrau mich allein beerben. Mein Enkel Michael erhält meinen Mercedes 500.

Diese Erklärung wurde sofort auf beigehefteten Zettel von Fritz Müller niedergeschrieben und von ihm dem Verunglückten vorgelesen. Dieser erklärte für alle drei Zeugen hörbar: „Ja so ist es richtig." Nach der Überzeugung aller drei Zeugen kann der Verunglückte infolge seiner Verletzung nicht mehr unterschreiben. Da es wegen des Sturmes nicht möglich war, diese Niederschrift sofort aufzunehmen, wurde sie am Abend in der Stein-Hütte von Fritz Müller geschrieben und wie folgt von allen unterschrieben.

Fritz Müller   Franz Mayer   Karl Metzger

- Aus dem Text ergibt sich eindeutig, dass die Zeugen davon ausgingen, dass ein Bürgermeister oder gar Notar nicht rechtzeitig zu erreichen war.

- Die Unterschrift ist nur entbehrlich, wenn sie nach der Überzeugung der Zeugen nicht geleistet werden kann. Anderenfalls muss das Protokoll vom Testierenden unterschrieben werden.

- Ob die vorstehende Mindestanforderung an die Niederschrift den Erfordernissen genügt, entscheiden letztendlich die Gerichte. Es muss alles getan werden, was nach den Umständen des Einzelfalles möglich ist. Die drei Zeugen sollten auch den „Zettel" unterschreiben.

Seetestament

Wer sich anlässlich einer Seereise auf einem deutschen Schiff außerhalb eines deutschen Hafens aufhält, befindet sich nach der Vorstellung des BGB (von 1900) grundsätzlich in einer so akuten Lebensgefahr, dass er ein Testament vor drei Zeugen errichten kann. Auf eine konkrete Gefahr im Einzelfall kommt es nicht an.

Gemeinsame Bestimmungen

Das Testament ist auch gültig, wenn die Todesgefahr zu Unrecht angenommen wurde und der Testierende weiter lebt. Das „Drei-Zeugen-Testament" ist auch gültig, wenn die Zeugen ernsthaft, aber irrig angenommen haben, keinen Bürgermeister rechtzeitig erreichen zu können. Grundsätzlich erlöschen alle Nottestamente drei Monate nach Errichtung, wenn der Testierende dann immer noch lebt. Ausnahmsweise Verlängerung dieser Frist: § 2252 Abs. 2 und 3 BGB.

Verbleib und Widerruf des Testamentes

Verbleib des Testaments

Der Notar bringt das Testament in die gerichtliche[4] Verwahrung. Gleiches gilt für die Nottestamente, welche vom Bürgermeister bzw.

---

[4] In Baden-Württemberg sind nicht die Gerichte, sondern die Notariate für die Verwahrung zuständig.

von den Zeugen in die gerichtliche Verwahrung zu verbringen sind, falls der Betroffene immer noch lebt. Anderenfalls werden sie beim Nachlassgericht zur weiteren Behandlung (Eröffnung) abgeliefert.

Ein privatschriftliches Testament kann beliebig aufbewahrt werden. Das Risiko besteht darin, dass der Erste, der es findet und darin nicht genügend bedacht ist, es widerrechtlich vernichten kann. Bei Ehegatten, die sich gegenseitig eingesetzt haben, wird es wohl genügen, wenn jeder von beiden weiß, wo das Testament unter Verschluss ist. Denkbar ist es auch, dass die Oma das Testament ihrem Lieblings-Enkel zur Verwahrung gibt, den sie als Alleinerben eingesetzt hat.

Auch ein privatschriftliches Testament kann zu (irgendeinem) Amtsgericht gebracht werden, wo es auf Wunsch (gegen Gebühr, versteht sich) verwahrt wird. Die Gebühr richtet sich nach der Höhe des Nachlasses, die der Testierende angeben muss. Gibt er zu wenig an, erfolgt nach seinem Tod eine Nacherhebung.

Gebührenbeispiele:			
Wert des Nachlasses	Gebühr	Wert des Nachlasses	Gebühr
20 000,– EUR	18,– EUR	200 000,– EUR	89,30 EUR
50 000,– EUR	33,– EUR	500 000,– EUR	201,80 EUR
100 000,– EUR	51,80 EUR	1 000 000,– EUR	389,30 EUR

Jeder kann sein Testament beim Gericht wieder abholen. Das kostet nichts! Privatschriftliche Testamente bleiben weiter gültig. Sie können also zu Hause weiter verwahrt werden.

Notarielle Testamente und Nottestamente werden durch die Abholung ungültig.

Nach dem Tod bleibt das Testament (Original) für immer beim Nachlassgericht. Dies gilt auch für das gemeinschaftliche Testament beim Tod des Erstversterbenden. Die Angehörigen können als „Andenken" nur eine Kopie erhalten.

Der Widerruf

Grundsätzlich kann ein Testament jederzeit widerrufen werden. Der Widerruf erfolgt entweder durch Vernichtung der Testaments-urkunde in der Absicht des Widerrufs, (also z. B. absichtliches Zer-reißen oder Verbrennen) oder aber durch ausdrückliche Aufhebung in einem neuen Testament. Bei widersprechenden Verfügungen gilt die ältere Verfügung als aufgehoben, auch wenn kein ausdrück-licher Widerruf erfolgt ist.

Ein Testament kann ausnahmsweise nicht mehr widerrufen werden,

- wenn der Testierende – wie z. B. beim gemeinschaftlichen Testament möglich – an das Testament rechtlich gebunden ist,

- oder wenn er inzwischen geschäftsunfähig geworden ist.

Wer also nach Errichtung des Testamentes geschäftsunfähig wird, kann sein Testament nicht mehr widerrufen. Dies kann auch nie-mand in seinem Auftrag, also auch sein Betreuer nicht.

Geschäftsunfähig ist man aber nur, wenn man sich – nicht nur vorü-bergehend – in einem „die freie Willensbestimmung ausschließen-den Zustand krankhafter Störung der Geistestätigkeit befindet". Wer unter Betreuung steht, ist damit noch nicht automatisch geschäftsunfähig. Es kommt auf den Geisteszustand im Einzelfall an. Somit kann auch eine unter Betreuung stehende Person ein Testament widerrufen oder auch ein neues Testament errichten (dazu Seite 16), wenn sie tatsächlich geschäftsfähig ist.

Der Widerruf eines Testamentes kann auch unwirksam sein (mit der Folge, dass das Testament weiter gilt), wenn der Widerrufende sich (nur) im Augenblick des Widerrufes in einem geschäftsunfähigen Zustand befindet. So könnte z. B. ein Testament weiter gelten, das der Testierende im „stock-besoffenen" Zustand zerreißt. Vorausset-zung wäre allerdings,

- dass es überhaupt noch vorhanden wäre (Freundin hebt die Schnipsel auf und klebt sie wieder zusammen), und

■ dass der Zustand im Zeitpunkt des Widerrufs (Zerreißens) bewiesen werden kann.

Ein notarielles Testament – das man ja nicht ohne weiteres zerreißen kann, weil es sich in der gerichtlichen Verwahrung befindet – wird wie folgt widerrufen:

■ Durch ein neues (auch eigenhändiges) gültiges Testament, in welchem das notarielle Testament ausdrücklich aufgehoben oder aber eine abweichende Verfügung getroffen wird.

■ Durch Abholung aus der gerichtlichen Verwahrung. Ein zusätzliches Zerreißen ist also nicht notwendig. Auch wenn das notarielle Testament unversehrt daheim aufbewahrt wird, gilt es nicht mehr.

Praxis-Tipp:

■ Der richtige Testaments-Text ist ebenso wichtig wie die richtige Form.

■ Wer unbedingt zum Notar gehen soll und warum.

■ Die Verwahrung des Testamentes.

■ Der Widerruf des Testamentes.

■ Sonderformen: Gemeinschaftliches Testament, Erbvertrag, Nottestament.

Die Bestattung

2

Wer bestimmt die Art der Bestattung?

Die Anzeige beim Standesamt

Die nächsten Angehörigen müssen den Todesfall beim Standesamt anzeigen. Wer das ist, bestimmt sich nach Landesrecht. Hierbei sind folgende Unterlagen vorzulegen:

- Der ärztliche Todesschein. Bei einem Sterbefall im Krankenhaus wird dort der Todesschein ausgestellt. Anderenfalls ist der Hausarzt zuständig oder – wenn dieser nicht umgehend zu erreichen ist – der Notarzt.

- Geburts- und Heiratsurkunde des Verstorbenen (die also vorsorglich beschafft und zu Hause aufbewahrt werden sollten, wenn kein Stammbuch vorhanden ist).

- Sterbeurkunde des Ehepartners bzw. Scheidungsurteil, falls die Ehe geschieden wurde.

Beim Standesamt wird man den Anzeigenden wohl noch Folgendes fragen:

- Letzter Wohnsitz des Verstorbenen (dazu Seite 58)

- Geburtstag und Geburtsort des Verstorbenen; Geburtsurkunde mitbringen!

- Name und Anschriften des Ehegatten und der Kinder.

- Hatte der Verstorbene Grundbesitz (vgl. Seite 61). Lautet die Frage nach „Vermögen", sollte man nicht einfach „nein" sagen, wenn Grundbesitz vorhanden ist, sondern diesen angeben.

- Ist ein Testament vorhanden?

Diese Angaben teilt das Standesamt dem Nachlassgericht mit (dazu Seite 58). Der Anzeigende sollte also darüber Bescheid wissen. Dies gilt besonders dann, wenn das bereits beauftragte Bestattungsunternehmen für die Angehörigen den Sterbefall anzeigt.

Es ist zweckmäßig, gleich fünf bis zehn Ausfertigungen der Sterbeurkunde zu verlangen.

Streit über die Art der Bestattung

Im Normalfall wird ein solcher Streit nicht aufkommen, da sich alle Hinterbliebenen einig sind. Da aber „moderne" Bestattungsformen (Feuerbestattung, Seebestattung, „Friedwald") zunehmend neben die überkommene Erdbestattung treten und außerdem der Zerfall der Familien und ein damit verbundener Streit oft genug den Sterbefall überdauern, wird künftig häufiger darüber gestritten werden, wie der Verstorbene zu bestatten ist.

Die Rechtsgrundlagen sind sehr verworren[5]. Als durch die Rechtsprechung gesichert kann Folgendes gelten:

- Der vom Verstorbenen geäußerte Wille setzt sich gegen den Willen der Angehörigen durch, soweit dies tatsächlich und rechtlich möglich ist (BGH FamRZ 1978/15, OLG Frankfurt NJW RR 1989/1158).

- Ist eine solche Willensäußerung nicht feststellbar, so gilt folgende Reihenfolge:

Ehegatte (OLG Schleswig NJW RR 1987/72) – Volljährige Kinder (mehrere gemeinsam) – Eltern – Geschwister. Das Landesrecht kann auch „modernere" Bestimmungsberechtigte vorsehen, z. B. die Lebensgefährtin.

Wunsch nach bestimmter Bestattung

Dieser Wunsch könnte im Testament geäußert werden. Davon ist aber abzuraten, da dessen Eröffnung nicht rechtzeitig erfolgen wird. Er könnte auch rechtswirksam mündlich einem Angehörigen oder Dritten anvertraut werden, was später im Streit Beweisfragen aufwirft.

Schließlich können auch „schlüssige Handlungen" des Verstorbenen als rechtsverbindliche Äußerung gelten, z. B. der Kauf eines Doppelgrabes nach dem Tod des Ehegatten.

---

[5] Wer sich für die Rechtsgrundlagen interessiert, findet im Anhang auf Seite 138 ff. eine kurze Zusammenfassung.

Die Bestattung

Am besten wäre es, diesen Wunsch schriftlich festzuhalten. Hierfür ist keine besondere Form vorgeschrieben; insbesondere also nicht die „Testamentsform". Ein mit Schreibmaschine oder Computer geschriebener Zettel – oder auch ein Brief an eine nahe stehende Person – reicht aus.

Bestattungsunternehmen

Denkbar wäre auch, zu Lebzeiten mit einem Bestattungsunternehmen einen Vertrag über die gewünschte Bestattung abzuschließen, den später die Erben nicht mehr ändern können. Die hierfür zu vereinbarende Geldsumme sollte nicht etwa im Voraus an das Bestattungsunternehmen gezahlt werden (Insolvenz-Risiko), sondern auf einem Treuhandkonto angelegt werden. In Betracht käme eine Bank oder aber auch die „Deutsche Bestattungsvorsorge Treuhand". Anschrift beim Bestattungsunternehmen erfragen.

Im Übrigen gibt es – wie überall – auch bei den Bestattungsunternehmen „schwarze Schafe", die mit Billig-Angeboten locken und hinterher teuer sind, weil nicht vereinbart war, was alles im Billig-Preis eingeschlossen ist. Sie benutzen die Ausnahmesituation, in der sich die Hinterbliebenen befinden, um kräftig abzusahnen. Auch wenn wegen des Todesfalles die nächsten Angehörigen kaum klar denken können; zum Bestatter sollte jemand gehen (mitgehen), der vom Sterbefall nicht allzu emotional getroffen ist. Empfohlen wird:

- Ein seit Jahren ansässiger Betrieb verdient oft mehr Vertrauensvorschuss als ein Neuer mit reißerischer Reklame. Bitte bedenken: Ein „Sonderpreis" muss nicht besonders billig sein; er kann auch „besonders teuer" sein.

- Auf jeden Fall einen schriftlichen Kostenvoranschlag fordern, in welchem alle eingeschlossenen Leistungen bezeichnet sind.

Die Durchsetzung des Wunsches

Dieser Wunsch des Verstorbenen setzt sich gegen das Bestimmungsrecht der Angehörigen grundsätzlich durch. Voraussetzung ist aber, dass sich jemand findet, der die Durchsetzung betreibt. Es ist zwar bedauerlich, aber der Tod beendet nicht jeden Streit. Zwar sind in erster Linie die vorgenannten Angehörigen berechtigt, den nachgewiesenen Wunsch des Verstorbenen auch gegen (vorrangige) Angehörige – notfalls gerichtlich – durchzusetzen, also z. B. Kinder gegen Ehegatten. Aber zunehmend gewähren Landesrecht, Literatur (dazu FamRZ 1992) und Rechtsprechung auch anderen nahe stehenden – aber nicht verwandten – Personen diese Befugnis. Angenommen also, die Eheleute haben sich getrennt und der Ehemann lebt seit Jahren in einer anderen Stadt bei seiner Lebensgefährtin. Er hat schriftlich festgelegt, dass er an deren Wohnsitz begraben werden will. Nun wollen ihn Ehefrau und Kinder „ins Familiengrab heimholen". Die Lebensgefährtin kann sich dagegen durch eine „einstweilige Verfügung" des Landgerichts (Anwaltszwang) wehren. Auch ein Betreuer des Verstorbenen, der dessen Wunsch kennt und darlegen kann, wird ihn gegen die andere Meinung der Verwandten durchsetzen können (LG Bonn NJW RR 1994/522 für den damaligen Gebrechlichkeitspfleger).

Die Gerichte haben mehrfach entschieden, dass der Wunsch des Verstorbenen sogar eine Umbettung rechtfertigt, wenn er erst nachträglich durchgesetzt wird. Dies soll sogar gelten, wenn der entgegenstehende Wille des Verstorbenen bereits bei der Beerdigung bekannt war, niemand aber Einwendungen erhoben hat. Vorausgesetzt, dass dies überhaupt noch möglich und rechtlich zulässig ist, wobei der Schutz der Totenruhe gegenüber dieser Durchsetzung zurückzutreten hat. Soweit die Friedhofsverwaltung für eine solche Umbettung die Zustimmung von Angehörigen verlangt und diese verweigert wird, kann der Wille des Verstorbenen dergestalt durchgesetzt werden, dass diese Angehörigen auf Zustimmung verklagt werden (Landgericht; also Anwaltszwang).

Der Erbe als solcher hat gegenüber den vorgenannten Personen kein Bestimmungsrecht (OLG Frankfurt, NJW RR 1989/1159). Nach Auffassung des Verfassers wird sich aber der Wille des Verstorbenen und die Meinung der Verwandten nicht durchsetzen lassen, wenn die Kosten der von ihnen gewünschten Bestattung in keinem angemessenen Verhältnis zum Nachlass stehen und derjenige, der das „Recht der Totenfürsorge" ausüben möchte, nicht zur Zahlung bereit ist – und auch der Verstorbene (siehe Seite 28) keine finanzielle Vorsorge getroffen hat.

Wichtig: Wenn Anlass zur Sorge besteht, dass die Angehörigen sich über Art oder Ort der Bestattung streiten könnten, schreiben Sie Ihren Wunsch auf einen Zettel und geben Sie ihn einer vertrauenswürdigen Person, welche bereit und auch fähig ist, diesen Wunsch durchzusetzen.

Wer bezahlt die Bestattung?

Grundsatz § 1968 BGB: Der Erbe zahlt!

Damit kommen wir zur Frage, wer die Bestattung bezahlt, denn es gilt hier keinesfalls der Grundsatz „wer bestellt, bezahlt". Es kann durchaus möglich sein, dass derjenige, dem das „Recht der Todesfürsorge" zusteht – der also die Bestattung bestimmt, sie letztendlich nicht bezahlen muss.

Die Kosten der Bestattung sind Nachlassverbindlichkeiten und werden daher vom Erben aus dem Nachlass bezahlt. Zu zahlen hat er den Aufwand einer – der Stellung des Verstorbenen angemessenen – üblichen[6] Beerdigung, also Beerdigungsinstitut, Sarg, kommunale Kosten für das Grab, übliche kirchliche Trauerfeier, übliches „Leichenmahl" und die dauerhafte Grabanlage, wozu nach den Umständen des Einzelfalles auch ein Grabstein gehören kann. Nicht zu bezahlen hat er die künftige Grabpflege[7] und auch nicht die Reisekosten der Angehörigen zur Beerdigung; ausgenommen vielleicht die Reise des Bestimmungsberechtigten, wenn dieser die Beerdigung organisiert. Ob er unter bestimmten Umständen Trauerkleider

---

[6] Bis vor einigen Jahren hieß es noch „standesgemäßen Beerdigung". Der Wegfall des Wortes „standesgemäß" hat rechtlich nichts verändert.

[7] Gelegentlich wird die Auffassung vertreten, er habe für ein Jahr die Grabpflege zu zahlen.

zahlen muss, ist umstritten. Nach Ansicht des Verfassers wäre dies nicht mehr zeitgemäß.

Der Verstorbene kann im Testament eine andere Regelung treffen, z. B. ein Vermächtnis mit der Verpflichtung zur Übernahme der Beerdigungskosten und dieses noch dazu mit langjähriger Grabpflege verbinden. Es wäre dies dann eine Auflage. Dazu Seite 77.

Beispiel: „Ich setze hiermit meinen Sohn Aloisius zu meinem Alleinerben ein. Meine Haushälterin erhält für ihre hingebungsvolle Tätigkeit meine Eigentumswohnung. Sie muss dafür meine Beerdigung bezahlen und mein Grab auf ihre Lebenszeit pflegen."

(Diese Erbeinsetzung wird sich nur dann durchsetzen, wenn das übrige Vermögen des Verstorbenen den Wert der Eigentumswohnung deutlich übersteigt. Anderenfalls wird das Nachlassgericht erwägen müssen, ob die Haushälterin, statt mit einer Auflage belastete Vermächtnisnehmerin zu sein, nicht als Miterbin anzusehen ist.)

Der bestimmungsberechtigte Nicht-Erbe hat bezahlt

Ist der Bestimmungsberechtigte nicht gleichzeitig Erbe und wird keine Einigung hergestellt, könnte folgende Situation entstehen: Der Bestimmungsberechtigte hat – vielleicht sogar in der irrigen Annahme, er sei Erbe – das Beerdigungsinstitut beauftragt. Nach der Beerdigung taucht ein Testament auf, nach welchem ein Dritter Erbe wird. Nun hat aber der Bestimmungsberechtigte den Auftrag erteilt und haftet somit dem Beerdigungsinstitut auf Grund des Vertrages für die Kosten. Jetzt hat er gegen den Erben einen Anspruch auf Ersatz seiner Aufwendungen, den er durch Klage verfolgen kann. In solchen Fällen lässt sich manchmal das Beerdigungsinstitut den Ersatzanspruch abtreten und zieht seinerseits seine Kosten beim Erben ein. Die Bank (dazu Seite 34) wird – falls sie die Umstände kennt – kaum bereit sein, die vom Bestimmungsberechtigten vorgelegten Rechnungen ohne Zustimmung des Erben vom Nachlasskonto zu bezahlen.

Vom Erben ist nichts zu erlangen

Dies ist insbesondere der Fall, wenn

- alle bekannten Erben die Erbschaft ausgeschlagen haben, oder
- der Erbe die Erbschaft angenommen, aber die Haftung beschränkt hat (dazu Seite 116) und
- der Nachlass zur Deckung der Bestattungskosten nicht reicht.

Es genügt also nicht, dass nur der Nachlass dürftig ist. Solange der Erbe seine Haftung nicht auf den Nachlass beschränkt hat, haftet er grundsätzlich auch mit seinem Privatvermögen für die Bestattungskosten.

Ist vom Erben nichts zu erlangen, werden folgende Personen zur Kasse gebeten:

- Der Ehegatte (§ 1360a BGB), auch wenn die Eheleute getrennt leben (§ 1361 Abs. 4 BGB).
- Unterhaltspflichtige Verwandte, also z. B. die Kinder des Verstorbenen (§ 1615 Abs. 2 BGB). Dies gilt auch dann, wenn außer dem Fiskus kein Erbe feststellbar ist und der Nachlass zur Kostendeckung nicht reicht (LG Dortmund, NJW RR 1996/775). Ein nichteheliches Kind muss mangels anderer Verpflichteter für die Beerdigung seines Vaters aufkommen, auch dann, wenn dieser seiner Unterhaltspflicht nicht nachgekommen ist und über Jahrzehnte hinweg keine Verbindung mit dem Vater bestand (VGH Baden-Württemberg 1 S 681/04).
- Der Vater eines nichtehelichen Kindes, wenn die Mutter infolge der Schwangerschaft oder der Geburt (auch Fehlgeburt oder Totgeburt) stirbt (§ 1615m BGB) – diese Verpflichtung geht auf die Erben des Vaters über, wenn dieser vor der Mutter gestorben ist (§ 1615n BGB).
- Wer den Verstorbenen schuldhaft – und das kann auch fahrlässig sein – getötet hat (§ 844 Abs. 1 BGB). Der Anspruch gegen ihn geht ausnahmsweise dem Anspruch gegen den Erben vor. Auch der Erbe kann also vom Täter Ersatz dieser Kosten fordern.

Antwortkarte

WALHALLA Fachverlag
Metropolitan Verlag
Haus an der Eisernen Brücke
93042 Regensburg

Horst Marburger,
Nikolaus Ertl
Wie bekomme ich einen
Schwerbehinderten-
Ausweis?
Den Antrag richtig
formulieren
Ansprüche durchsetzen
ISBN 3-8029-3347-8
9,95 EUR [D]

„Behinderunge1 bringen für die betroffenen Menschen sowohl im Berufsleben als auch privat Nachteile mit sich. Der Schwerbehindertenausweis hilft diese Nachteile auszugleichen.
Welche Vorteile er bringt beschreibt der Ratgeber ‚Wie bekomme ich einen Schwerbehinderten-Ausweis'." *Das neue Blatt*

Besuchen Sie uns im Internet: www.walhalla.de

Telefon: (09 41) 56 84-0 · E-Mail: walhalla@walhalla.de

INFORMATIONSANFORDERUNG

Schneller per Telefax 09 41 / 56 84-111

Ich interessiere mich speziell für folgende Themenbereiche:

- ○ Selbstmanagement, Motivation und Kommunikation
- ○ Privater Vermögensaufbau: Geld, Börse, Steuern
- ○ Vorsorge, Recht und Rat
- ○ Berufswahl, Management, Weiterbildung
- ○ Marketing, Verkaufen, Multimedia, Design
- ○ Junge Selbstständigkeit
- ○ Bundeswehr
- ○ Öffentlicher Dienst
- ○ Sozialwesen

☐ JA, ich bestelle den Bestseller „Wie bekomme ich einen Schwerbehinderten-Ausweis?"

ISBN 3-8029-3347-8 .... 9,95 EUR [D]

X
_____
Datum, Unterschrift

☐ **Privat**   ☐ **Geschäftlich**

Firma/Abteilung/Position
_____

Name/Vorname
_____

Straße _____   PLZ/Ort _____

Telefon/Fax _____   E-Mail _____

▥ W A L H A L L A
FACHVERLAG

Das Sozialamt als Kostenträger

Musste das Sozialamt die Kosten der Beerdigung tragen, kann es diese von dem Verpflichteten zurückverlangen und zwar wie folgt:

- In erster Linie von demjenigen, der den Tod verschuldet hat (§ 844 BGB).

- Vom Erben, der aber in diesem Fall ohne weiteres nur mit dem Nachlass (also nicht mit seinem eigenen Vermögen) haftet – § 92c BSHG – wobei es auch noch Schonbeträge gibt, die nicht in Anspruch genommen werden dürfen.

- Von den vorgenannten Verpflichteten nach §§ 1360a, 1361 Abs. 4, 1615 Abs. 2 oder 1615m BGB, aber nur (§ 15 BSHG), wenn diesen der Rückersatz zugemutet werden kann.

Bestattungsunternehmen

Sie sind gut beraten, wenn Sie den Auftrag eines Angehörigen, die Bestattung eines Sozialhilfeempfängers zu besorgen, ablehnen, falls der Auftraggeber nicht bereit und in der Lage ist, die Kosten zu tragen. Vielmehr sollte nur auf schriftliches Verlangen des Sozialamtes gehandelt werden. Zwar wird das Sozialamt endgültig irgendwann die Kosten übernehmen, falls von den vorgenannten Verpflichteten nichts zu erlangen ist. Es wird sich aber „Zeit zur Prüfung" lassen und das Unternehmen wartet dann monatelang auf sein Geld.

Wie kommt man an das Geld?

Erbe hat keine Vollmacht für das Nachlasskonto

In der Mehrzahl aller Fälle wird ein Angehöriger, meist der Ehegatte oder ein Kind, die Bestattung organisieren und deren Kosten – so vorhanden – mit Geld aus dem Nachlass bezahlen wollen. Nun ist aber das Geld meist auf einem Bankkonto. Wurde zu Lebzeiten Vorsorge getroffen, dass der Ehegatte (das Kind) „über den Tod hinaus" Zugriff auf das Konto hatte („Oder-Konto" bzw. entsprechende Vollmacht, am besten auf dem Formblatt der Bank), gibt es keine Probleme. Anderenfalls ist es allgemein üblich, dass die Banken bei Vorlage entsprechender Rechnungen – z. B. des Bestattungsinstitutes – vom Konto des Verstorbenen ohne Prüfung der Befugnis des Einreichenden die Rechnungssummen direkt überweisen. Sie müssen es nicht und sie werden es nicht tun, wenn ihnen (dazu z. B. Seite 31) die Rechtslage unklar erscheint. Risiko bei Rentenrückruf Seite 54. Wegen einer „Nothilfe" durch das Nachlassgericht in besonderen Fällen siehe Seite 63.

Wo kann noch Geld herkommen?

Sterbefälle – besonders wenn sie unvermutet eintreten, sind für die Angehörigen nicht nur traurige Ereignisse, sondern oft genug auch finanziell sehr belastend. Da kann es hilfreich sein, wenn noch von irgendeiner Seite Geld für die Bestattung zugeschossen wird. Dies gilt umso mehr, als die gesetzlichen Krankenkassen nichts mehr zahlen. Woher könnte noch Geld kommen?

- Eine Sterbegeld-Versicherung, falls eine solche abgeschlossen war.

- Im Arbeitsvertrag könnte vereinbart sein, dass der Arbeitgeber einen Zuschuss zahlt.

- Beamte haben – falls Ehegatte oder Kinder vorhanden – einen Anspruch auf einen Zuschuss nach Beihilferecht. Im Zuge der „Daumenschrauben" gegen Beamte soll dies abgeschafft werden. Die Bundesregierung ist da stets „Vorreiter". Da aber das Beihilferecht für die Mehrzahl der Beamten Landesrecht ist, könnte es sein, dass eine fürsorgliche Landesregierung immer noch eine solche Hilfe vorsieht. Schon bisher konnten die Erben lediger und kinderloser Beamten nichts erhalten, wenn der Nachlass für die Kosten der Bestattung ausreichte.

- Sterbegeld bei Unfall, auch wenn kein Dritter schuld war. In Betracht kommen Arbeitsunfälle bei unfallversicherter Tätigkeit (auch Wege-Unfall), aber auch Unfälle jener Personen, die, ohne Arbeitnehmer zu sein, gesetzlich unfallversichert sind: Unfall eines Kindes im Kindergarten, eines Schülers in der Schule oder eines Studenten an der Uni. Neuerdings evtl. auch, wenn der Tod auf einen Unglücksfall anlässlich einer ehrenamtlichen Tätigkeit, z. B. für die Gemeinde oder die Kirche, zurückzuführen ist.

- Private Unfallversicherung – Achtung, Meldefrist 48 Stunden! Schauen Sie gleich in die Police, was Ihre Versicherung für diese Meldung vorschreibt. Fristversäumnis kann Verlust des Anspruchs bedeuten.

- Falls der Verstorbene gewerkschaftlich organisiert war, kann eine Beihilfe der Gewerkschaft in Betracht kommen. Nachfragen!

- Evtl. das Versorgungsamt, wenn der Verstorbene eine Kriegsrente bezogen hat und sein Kriegsschaden ursächlich für den Tod war, auch wenn der Verstorbene anderenfalls mutmaßlich länger gelebt hätte – und wenn keine anderweitige Kostendeckung erfolgt.

- Witwen oder Witwer, die einen Anspruch auf eine Witwen- oder Witwerrente haben, erhalten zwar kein eigentliches Sterbegeld, aber in den ersten drei Monaten eine wesentlich höhere Rente als später, und es kommt für diese Zeit auch noch nicht auf das Einkommen des/der Berechtigten an.

- Reicht der Nachlass nicht aus und zahlt der Erbe noch Einkommensteuer, so muss geprüft werden, ob ein Missverhältnis zwischen Jahreseinkommen und aus dem Privatvermögen aufgebrachter Kosten eine Steuerersparnis aus „außergewöhnlicher Belastung" ermöglicht.

Praxis-Tipp:

■ Der Wille des Verstorbenen bestimmt die Art der Beerdigung. Vorausgesetzt, er ist nachweisbar – am besten schriftlich – festgelegt und es findet sich jemand, der diesen Willen durchsetzt.

■ Ohne eine solche Willensäußerung bestimmen der Ehegatte und die nächsten Verwandten (Kinder) die Art der Beerdigung, auch wenn sie nicht Erbe geworden sind.

■ Bezahlt wird die Beerdigung normalerweise vom Erben aus dem Nachlass. Es ist empfehlenswert, dies durch eine Kontenvollmacht zu sichern.

■ Trotz der Belastung der Angehörigen durch den Todesfall ist Sorgfalt beim Umgang mit dem Beerdigungsinstitut geboten. Genaue Absprachen treffen.

Alsbald zu erledigen

3

Grundsätzliche Überlegungen

Eine solche Liste muss notwendig lückenhaft sein, da es je nach der Lebensstellung des Verstorbenen so viele jetzt abgebrochene Kontakte geben kann, die unmöglich alle aufzulisten sind. Es soll daher nur auf die wesentlichen Punkte eingegangen werden. Dabei ist zu beachten, dass heute sehr häufig wiederkehrende Zahlungen durch Abbuchung vom Konto beglichen werden. Es ist daher zweckmäßig, zusammen mit einer Anzeige des Todes an einen Zahlungsempfänger bzw. der Kündigung eines Vertragsverhältnisses auch die Abbuchungsermächtigung zu widerrufen. Weiter muss das Konto des Verstorbenen, das regelmäßig noch einige Zeit weitergeführt werden sollte, zumindest wöchentlich dahingehend kontrolliert werden, ob Abbuchungen vorgenommen worden sind, die nicht mehr zulässig waren und deshalb zurückgerufen werden müssen.

Schließlich gibt es eine Reihe von so genannten „Dauerschuldverhältnissen", die auf den Namen des Verstorbenen lauten und die je nach Sachlage entweder gekündigt oder auf den Erben bzw. auf den künftigen Inhaber der Wohnung umgestellt werden müssen. Auch das muss überlegt sein.

Der Posteingang in den ersten Tagen und Wochen nach dem Tod kann an notwendige Informationen erinnern, die bisher vergessen wurden. Soweit die üblichen Reklamebriefe oder auch „Bettelbriefe" kirchlicher und sozialer Institutionen eingehen, die den Verstorbenen evtl. interessierten, aber für die Hinterbliebenen ohne Interesse sind, genügt es regelmäßig, diese Briefe ungeöffnet mit dem handschriftlichen Hinweis „Empfänger verstorben" ohne neue Frankatur in den nächsten Briefkasten zu werfen.

Für den Umgang mit der Bank siehe Seite 33 und Seite 45.

Der Verstorbene war Mieter
Die Weitergeltung des Mietvertrages

Wer zusammen mit dem Verstorbenen den Mietvertrag geschlossen hatte, also Mit-Mieter war, kann nun das Mietverhältnis allein fortsetzen. Dazu bedarf es an sich keiner Erklärung. Es ist jedoch empfehlenswert, den Vermieter von diesem Wunsch formlos zu verständigen. Er hat aber auch ein Sonderkündigungsrecht mit „gesetzlicher Frist", das innerhalb eines Monats ausgeübt werden muss. Die Kündigungsformen (Schriftform) müssen beachtet werden; daher sollte sich der Mit-Mieter, der kündigen will, beraten lassen. Ob ein Mit-Mieter, der nicht der Ehegatte des Verstorbenen war, von einem „Eintrittsberechtigten" verdrängt werden kann, ist sehr streitig. Der Vermieter hat kein Sonderkündigungsrecht. Er kann allenfalls jetzt vom Verbliebenen die gesetzliche Kaution fordern, wenn er bisher hierauf verzichtet hatte.

Der „Eintritt" in den Mietvertrag

Ein Mietverhältnis endet nicht mit dem Tod des Mieters, auch wenn dieser alleiniger Vertragspartner des Mietvertrages war. In § 563 BGB ist das nachstehend bezeichnete „Eintrittsrecht" vorgesehen. Dieses „Eintrittsrecht" bedeutet, dass der Berechtigte durch eine Erklärung gegenüber dem Mieter in den Mietvertrag eintreten kann, obwohl er bisher nicht Mieter war – also den Mietvertrag nicht unterschrieben hatte. Dieses Eintrittsrecht steht jedoch immer unter der Voraussetzung, dass der Eintretende mit dem Verstorbenen einen gemeinsamen Haushalt geführt hatte.

Das erste Eintrittsrecht steht dem Ehegatten zu. Tritt er in den Mietvertrag ein, schließt er alle nachgenannten Personen vom Eintrittsrecht aus.

Ist kein Ehegatte mehr vorhanden oder tritt er nicht ein, haben die Kinder ein Eintrittsrecht.

Es gibt auch Eintrittsrechte des (registrierten) gleichgeschlechtlichen Lebenspartners, der neben den Kindern eintreten kann. Auch Eintrittsrechte anderer Verwandten sind denkbar und auch dies neben den Kindern. Schließlich und zuletzt gibt es auch noch ein Eintrittsrecht nicht verwandter Personen, die mit dem Verstorbenen im „auf Dauer angelegten" gemeinsamen Haushalt gelebt haben. Das wäre z. B. die Lebensgefährtin.

Alsbald zu erledigen

Wichtig: Wer in den Mietvertrag eintritt, haftet nicht nur für die zukünftige Miete und die Nebenkosten, sondern auch für die Schulden des Verstorbenen aus dem Mietverhältnis, auch wenn er nicht Erbe geworden ist. Allerdings muss ihm der Erbe diesen Aufwand ersetzen, falls nichts anderes vereinbart war. Umgekehrt hat der Erbe Ansprüche gegen den Eintretenden, wenn der Verstorbene

- bereits Miete für die Zukunft gezahlt hatte;

- eine Kaution bezahlt hatte, die ja beim Vermieter verbleibt und jetzt die Ansprüche gegen den neuen Mieter sichert;

- Abschläge auf die Nebenkosten bezahlt hat und die Abrechnung einen Überschuss ergibt.

Hatte der Vermieter vom Verstorbenen keine Kaution gefordert, kann er jetzt vom Eintretenden eine solche verlangen.

Wer nicht eintreten will, muss dies dem Vermieter innerhalb einer Frist von einem Monat, nachdem er vom Tod des Mieters erfahren hat, mitteilen. Mehrere eintrittsberechtigte Personen können diese Erklärung jeder für sich abgeben, so dass einer eintritt und der andere nicht. Eine Form ist nicht vorgesehen. Es sollte jedoch aus Sicherheitsgründen die Schriftform gewählt und der Zugang der Erklärung nachweisbar sein, am besten durch eine datierte Empfangsbestätigung des Vermieters auf einem Duplikat der Erklärung.

Wichtig: Dieser Eintritt erfolgt kraft Gesetzes. Wer also gegen seinen Willen in das Mietverhältnis „eingetreten wurde", muss fristgemäß obige Erklärung abgeben, sonst haftet er für die künftige Miete bis zum Ende der Kündigungsfrist und für die Rückstände.

Der Vermieter kann innerhalb einer Frist von einem Monat, nachdem er vom endgültigen Eintritt in das Mietverhältnis Kenntnis erlangt hat, den Mietvertrag mit dem Eintretenden mit gesetzlicher Kündigungsfrist (drei Monate) kündigen, wenn dafür in der Person des Eintretenden ein wichtiger Grund vorliegt. Da es sich um eine Kündigung handelt, erfordert sie die gesetzlich vorgeschriebene Schriftform mit genauer Angabe des „wichtigen Grundes". Um endgültige Klarheit zu schaffen, sollte also der Eintretende seinen Eintritt dem Vermieter ebenfalls formlos – aber besser nachweisbar – mitteilen, damit die Frist für den Vermieter in Lauf gesetzt wird.

Praxis-Tipp:

Das gesamte Mietrecht und nicht zuletzt das Eintrittsrecht ist derart kompliziert geregelt, dass im Streitfall rechtliche Beratung unverzichtbar ist. Dennoch soll für den häufigsten Fall – Ehegatten leben in der gemeinsamen Wohnung und einer stirbt – noch einmal zusammengefasst werden, was zu beachten ist:

- Laut Mietvertrag waren beide Ehegatten gemeinsam Mieter: Es bedarf keines „Eintritts". Das Mietverhältnis wird mit dem Überlebenden fortgesetzt (§ 563a BGB). Will er dies nicht, ist Kündigung erforderlich, also Schriftform. Die Kündigung muss innerhalb eines Monats ab dem Tod des anderen Ehegatten mit einer Dreimonatsfrist erklärt werden. Der Vermieter kann nicht kündigen.

- Nur der Überlebende hatte den Mietvertrag unterschrieben: Es ist nichts zu veranlassen. Der Mietvertrag geht weiter. Es gibt kein außerordentliches Kündigungsrecht, weder für den Mieter noch für den Vermieter.

- Nur der Verstorbene hatte den Mietvertrag unterschrieben: Der Überlebende hat ein Eintrittsrecht, das kraft Gesetzes eintritt. Will er den Mietvertrag fortsetzen, soll er dies dem Vermieter unverzüglich mitteilen, um Klarheit zu schaffen. Will er den Mietvertrag nicht fortsetzen, erklärt er dies dem Vermieter innerhalb eines Monats nach dem Tod des Partners mit der Folge, dass das Mietverhältnis mit den Erben fortgesetzt wird, falls kein anderer eintritt. Ist der Überlebende zugleich Erbe, muss das Folgende beachtet werden:

Die Fortsetzung mit den Erben

Tritt niemand in den Mietvertrag ein, wird dieser mit den Erben fortgesetzt, auch wenn diese nicht mit dem Verstorbenen in einem gemeinsamen Haushalt lebten. Das Mietverhältnis endet also nicht kraft Gesetzes, sondern muss vom Erben (von mehreren gemeinsam) gekündigt werden, wenn der Erbe nicht in die Wohnung einziehen möchte. Die Kündigung muss innerhalb eines Monats erfolgen. Fristbeginn ist der Tod des Mieters, wobei sich die Frist verlängern kann, wenn der Erbe noch nicht weiß, ob jemand in den Mietvertrag eintritt. Will der Erbe das Mietverhältnis nicht fortsetzen, soll er auf jeden Fall innerhalb eines Monats nach dem Tod des Mieters kündigen. Es ist Schriftform erforderlich. Die Kündigungsfrist – die also dem Erben bleibt, um die Wohnung auszuräumen und die laut Mietvertrag erforderlichen Arbeiten vornehmen zu lassen – beträgt drei Monate. Natürlich muss er für diese Zeit Miete und Nebenkosten zahlen. Falls kein Nachlass vorhanden ist, aus dem diese Beträge bezahlt werden können, kann der Erbe nach § 1990 BGB verfahren. Dazu Seite 116.

Der Vermieter ist nicht berechtigt, vom Erben bei der Kündigung den Nachweis des Erbrechts (also z. B. einen Erbschein) zu verlangen und aus diesem Grund die Kündigung zurückzuweisen. Für die Kündigung kommt es nur darauf an, dass der wirkliche Erbe gekündigt hat.

Mehrere Erben müssen gemeinsam kündigen. Sie können einem von ihnen hierfür eine Vollmacht erteilen, die aber schriftlich der Kündigung beigefügt werden muss.

Ist niemand eingetreten, so hat der Erbe nach Beendigung des Mietverhältnisses Anspruch auf Rückzahlung der Kaution und auf Abrechnung der Abschläge auf die Nebenkosten, dies allerdings erst nach Ablauf des Rechnungsjahres.

Wichtig: Vermieter und Erbe können sich auf eine frühere Beendigung des Mietverhältnisses einigen (Auflösungsvertrag). Evtl. ist der Vermieter daran interessiert, die Wohnung alsbald zu erhalten. Bei

dieser Gelegenheit kann die Frage des Ausräumens und der Renovierung ebenfalls einvernehmlich geregelt werden.

Der Verstorbene war Vermieter

Eigentümer des Hauses

Das Mietverhältnis wird zwischen Erben und Mieter fortgesetzt. Der
Tod des Vermieters beendet weder das Mietverhältnis, noch gibt er
ein außerordentliches Kündigungsrecht. Falls in der Person des Erben
der Fall des „Eigenbedarfs" vorliegt, kann aus diesem Grund gekündigt werden, was jedoch an strenge Formalien gebunden ist und
daher Beratung erfordert. Hatte der Verstorbene für die Miet-Ab-
wicklung ein eigenes Konto, so sollte dies vom Erben übernommen
werden, damit keine Übergangsprobleme entstehen. Anderenfalls
wird der Mieter (mit befreiender Wirkung) weiter auf das Nachlasskonto zahlen, bis ihm der Erbe seine neue Bankverbindung mitteilt.
Bleibt das Objekt Eigentum einer Erbengemeinschaft und hat bisher
kein Mietkonto bestanden, muss dieses jetzt eingerichtet werden.

Der Erbe muss alle Verpflichtungen aus dem Mietvertrag erfüllen,
also z. B. die Nebenkostenabrechnung vornehmen (auch für frühere
Jahre, falls vom Verstorbenen versäumt) und die Mietkaution bereit
halten. Hat der Verstorbene rechtswidrig die Kaution nicht in
gesetzlicher Form angelegt, muss dies jetzt nachgeholt werden.
Natürlich hat der Erbe auch Anspruch auf Mietrückstände und
Nachzahlungen auf die Nebenkosten, soweit Erstere nicht verjährt
sind und für die Nebenkosten die äußerste Abrechnungsfrist noch
nicht ergebnislos abgelaufen ist.

Wegen der Frage des Eigentumsüberganges und der erforderlichen
Formalien siehe Seite 73.

Eigentümer einer Eigentumswohnung

War diese vermietet, gelten insoweit keine Besonderheiten gegenüber den vorstehenden Ausführungen. Regelmäßig wird aber der

Alsbald zu erledigen

Hausverwalter (nicht zu verwechseln mit dem Hausmeister) die Nebenkosten-Abrechnung für den Eigentümer vornehmen oder zumindest vorbereiten, da die vom Verwalter eingenommenen „Hausgelder" teilweise auf die Mieter umlagefähig sind, teilweise nicht, und der Verwalter den Eigentümern abrechnungspflichtig ist.

Wohnte der Verstorbene in seiner Eigentumswohnung, ist der Hausverwalter (nicht mit dem Hausmeister zu verwechseln) vom Tod zu verständigen. Ihm ist mitzuteilen, wer jetzt Eigentümer ist und wer in der Wohnung wohnen wird. Auch der Hausmeister sollte dies wissen. Soll die Wohnung künftig vermietet werden, kann häufig der Hausmeister dabei helfen, einen Mieter zu finden. Er kann z. B. nach Räumung/Renovierung der Wohnung und nach Absprache mit dem Eigentümer die Miet-Interessenten in die Wohnung führen. Trinkgeld im Erfolgsfall nicht vergessen!

Wegen der Frage des Eigentumsüberganges und der erforderlichen Formalien siehe Seite 73.

Gesetzliches Wohnrecht im Haus des Verstorbenen

Gehört das Haus oder die Wohnung dem Verstorbenen, gibt es kein Eintrittsrecht zur Bewohnung der durch den Tod frei gewordenen Wohnung. Wer zusammen mit dem Verstorbenen die Wohnung bewohnt hat, genießt nur einen dürftigen Schutz.

- Hat der Mitbewohner vom Verstorbenen Unterhalt bezogen (also z. B. der Ehegatte ohne eigenes Einkommen) und wird er nicht Erbe, muss der Erbe ihm die Weiterbenutzung der Wohnung und der Haushaltsgegenstände 30 Tage lang unentgeltlich gestatten und ihm – wie bisher – Unterhalt gewähren. Diesem Recht geht der Pflichtteilsanspruch des Erben vor, was bei dürftigem Nachlass dazu führen könnte, dass der Anspruch abgelehnt werden kann.

- Handelt es sich um den Ehegatten und wird dieser gesetzlicher Erbe neben anderen Verwandten als Abkömmlingen, gehören ihm außer Erbteil auch noch die Hausratsgegenstände und die Hochzeitsgeschenke. Erbt er (gesetzlich) neben Abkömmlingen (Kinder/Enkel), gehören ihm diese Gegenstände nur, soweit er sie für einen angemessenen Haushalt benötigt. Er darf dies alles mitnehmen, wenn er ausziehen muss.

Behörden, Versorger

Ist Grundbesitz (Seite 61) vorhanden, so muss der Erbe folgende Stellen benachrichtigen:

- Die Steuerstelle, welche die Grundsteuer einzieht. Ihr ist mitzuteilen, von welchem Konto die allgemein übliche Abbuchung künftig vorzunehmen ist.

- Der Kaminkehrermeister.

- Der Versorgerbetrieb, also Wasser, Abwasser, Müllabfuhr, Strom. Erfolgt ein „Eintritt" (Seite 39), ist dies wohl Aufgabe der Eintretenden als der künftigen Zahlungspflichtigen, wobei es nichts schadet, wenn der Erbe vorsorglich auch diese Information vornimmt.

- Telefon abmelden, wenn es nicht vom künftigen Wohnungsinhaber übernommen wird. Anderenfalls erfolgt Ummeldung mit Hinweis auf das neue Konto für die Abbuchung. Dies kann man auch im „Telefonladen" erledigen. Soll die Wohnung alsbald vermietet werden, wäre es evtl. billiger, das Telefon nicht abzumelden, wenn es der neue Mieter übernehmen will.

Banken

Wegen des Umganges mit der Bank siehe Seite 33 und auch Seite 62.

Es ist empfehlenswert, die Kontoauszüge der letzten Monate dahingehend durchzuforsten, ob der Verstorbene Abbuchungsermächtigungen erteilt hat, die jetzt nach Information des Empfängers widerrufen werden müssen.

Alsbald zu erledigen

Hatte der Verstorbene alle seine Konten und Anlagen bei einer Bank, ist eine Vorsprache zur Regelung aller anstehenden Fragen empfehlenswert und meist auch erfolgreich. Hatte er jedoch Anlagen bei verschiedenen Banken ohne Filialen in der Nähe, muss unbedingt mit diesen Verbindung aufgenommen werden, bevor sich die Erbscheinsfrage (Seite 62) stellt. Es muss klar sein, ob die Bank einen formellen Nachweis fordert oder nicht. Wahrscheinlich kann jetzt viel Geld gespart werden, wenn zu Lebzeiten durch rechtlich verbindliche Absprachen mit dieser Bank („Oder-Konto" oder Vollmacht) dafür gesorgt wurde, dass die Bank jetzt keinen amtlichen Nachweis fordert.

Das Geschäftskonto, also das Girokonto, über welches der Verstorbene bisher allgemein seine Geschäfte abgewickelt hat, sollte noch einige Zeit aufrechterhalten bleiben, auch wenn es mittelfristig vom Erben nicht mehr benötigt wird. In keinem Fall soll es aufgelöst werden, bevor nicht die Frage der Rückbuchung überzahlter Rente (Seite 54) geklärt ist.

Die Bank ist gesetzlich verpflichtet, dem Finanzamt eine Zusammenstellung aller Konten des Verstorbenen mit den Guthaben per Todestag mitzuteilen und auch anzugeben, ob der Verstorbene ein Depot oder ein Schließfach bei ihr hatte. Gewöhnlich erhält auch das Nachlassgericht eine Abschrift.

Vollmachten, welche der Verstorbene über sein Konto an Personen erteilt hatte, die jetzt nicht mehr verfügungsbefugt sein sollen, sind sofort vom Erben zu widerrufen. Der Widerruf erfolgt gegenüber der Bank und dem Bevollmächtigten.

Eine Geldkarte auf den Namen des Verstorbenen sollte nach Absprache mit der Bank an diese zurückgegeben oder vernichtet (so zerschneiden, dass keine „Reparatur" mehr möglich) werden. Dies gilt insbesondere dann, wenn nur der Verstorbene die Geheimzahl kannte. Wird sie noch einige Zeit benötigt, um Kontoauszüge am Drucker zu holen, dann sehr gut verwahren. Nach Ansicht des BGH ist ein Missbrauch ohne Kenntnis der Geheimzahl nicht möglich –

was Experten bestreiten – und deshalb wird bei missbräuchlicher Benutzung dem Erben unterstellt, dass er die Geheimzahl kannte und selbst die Verfügung vorgenommen hat.

Bleibt das Konto erhalten, neue Karte ausstellen lassen. Manche Banken haben auch Karten, die nur der Abholung der Kontoauszüge dienen, also keine Geheimzahl haben.

Hatte der Verstorbene eine Kreditkarte, wird regelmäßig die Kündigung des zugrunde liegenden Vertrages durch die Erben erforderlich sein. Einzelheiten sind aus den Unterlagen des Verstorbenen ersichtlich oder aber bei der betreuenden Bank oder Stelle (z. B. ADAC) zu erfahren.

Versicherungen

Die Lebensversicherung

Hatte der Verstorbene eine durch seinen Tod jetzt zur Auszahlung fällige Lebensversicherung, so gibt es zwei Möglichkeiten:

- Der Verstorbene hatte eine „Bezugsberechtigung" bestimmt. Der Bezugsberechtigte erhält die Lebensversicherung ohne weitere Formalitäten ausgezahlt. Sie gilt nicht als „Nachlass" und wird deshalb ins Vermögensverzeichnis des Gerichts (Seite 67) nicht eingetragen.

- Er hatte keinen Bezugsberechtigten bestimmt – oder dieser ist bereits vor ihm verstorben. In diesem Fall zahlt die Versicherung an den Erben. Ob sie einen Erbschein fordert, muss geklärt werden, bevor die Erbscheinsfrage (Seite 62) zur Diskussion steht. In jedem Fall ist die Versicherungssumme „Nachlass" mit allen hiermit verbundenen Nachteilen.

Steuerlich gilt:

- War der Überlebende „Versicherungsnehmer", also nicht nur „bezugsberechtigt", wird die Lebensversicherung steuerlich nicht erfasst.

■ Für Ehegatten gibt es eine Sonderregelung, wenn sie eine „verbundene Lebensversicherung" abgeschlossen haben. Hierbei wird das Leben beider dergestalt versichert, dass die Versicherungssumme beim Tod des Erstversterbenden an den Überlebenden gezahlt wird. Zu versteuern ist dann nur die Hälfte der Versicherungssumme.

Wichtig: Insbesondere der überlebende Ehegatte sollte daran denken, dass er evtl. in seiner eigenen Lebensversicherung den gerade Verstorbenen als Bezugsberechtigten benannt hatte – und dies jetzt unverzüglich ändern muss.

Hausratversicherung

Hier gibt es keine gesetzliche allgemein verbindliche Regel, so dass die nachgenannten Angaben von Versicherung zu Versicherung verschieden sein können und es erforderlich ist, in den allgemeinen Versicherungsbedingungen der jeweiligen Firma nachzuschauen.

Die Hausratversicherung erlischt meist nicht sofort mit dem Tod des Versicherungsnehmers mit der Folge, dass der Hausrat zugunsten der Erben noch versichert ist. Es ist davon auszugehen, dass sie aber zwei Monate nach dem Tod erlöschen wird, falls der Erbe nicht die Wohnung in gleicher Weise wie bisher den Hausrat nutzt. Da jedoch die Wohnung des Verstorbenen „Versicherungsort" ist, besteht u. U. kein Versicherungsschutz mehr, wenn der Hausrat komplett aus der Wohnung an einen anderen Ort (andere Wohnung) weggeschafft wird. Dies muss der überlebende Ehegatte bedenken, der nach dem Tod des anderen umzieht.

Wird jedoch der Hausstand aufgelöst, so dass das versicherte Risiko in Wegfall geraten ist, kann die Versicherung aufgelöst werden.

Unfall- und Krankenversicherung

Sie erlöschen mit dem Tod des Versicherten. Es genügt also eine Mitteilung an diese unter Beifügung einer Kopie der Sterbeurkunde.

Dies kann bei der Unfallversicherung anders sein, wenn mehrere Personen im gleichen Vertrag versichert sind.

Unberührt bleibt die Verpflichtung der Krankenversicherung, im Rahmen des Versicherungsvertrages die noch offenen Krankenkosten des Verstorbenen (nicht die Totenschau) zu bezahlen.

Beamte erhalten (noch) Beihilfe zu den Beerdigungskosten im Todesfall, jedoch nur, wenn die Beerdigungskosten von Ehegatten oder Abkömmlingen zu tragen sind. Dazu Seite 34.

Unberührt bleiben die Ansprüche der Hinterbliebenen bzw. der Erben gegen die Unfallversicherung, wenn der Tod durch einen versicherten Unfall eingetreten ist.

Privathaftpflichtversicherung

Als „persönliche Versicherung" erlischt sie mit dem Tod des Versicherten. Lediglich für die mitversicherten Personen (z. B. Ehegatte, unverheiratete Kinder) besteht der Versicherungsschutz bis zur nächsten Prämienfälligkeit fort. Der Überlebende muss dafür Sorge tragen, dass ein erforderlicher Versicherungsschutz wieder hergestellt wird.

War der Verstorbene Eigentümer eines nicht vermieteten Einfamilienhauses bzw. einer Eigentumswohnung und hatte er eine Privathaftpflichtversicherung, so ist davon auszugehen, dass das „Hausrisiko" ohne Beitragszuschlag mitversichert war. Es muss unbedingt für ausreichenden Versicherungsschutz gesorgt werden, wenn nicht eine Privathaftpflichtversicherung des Erben das Risiko übernimmt. Besonders beim Eintritt einer Erbengemeinschaft bedarf diese Frage sofortiger Klärung. Dies gilt nicht zuletzt auch dann, wenn bisher die Eheleute Eigentümer und Versicherungsnehmer waren und nunmehr infolge der Erbschaft ein nicht mehr „mitversichertes" Kind Miterbe wird.

Wird das Haus/die Eigentumswohnung jetzt vermietet, tritt keine Privathaftpflichtversicherung mehr ein und es muss für ausreichenden Schutz gesorgt werden. Das Risiko ist sonst unüberschaubar.

Alsbald zu erledigen

Wichtig: War der Verstorbene Eigentümer oder Miteigentümer eines Hauses, muss alsbald geprüft werden, ob der Tod die Versicherung bezüglich der Haushaftpflicht berührt hat. Wird dies versäumt, droht ein unüberschaubares Risiko.

Rechtsschutzversicherung

Sie endet – falls der letzte fällige Beitrag bezahlt war – mit dem Ende der bezahlten Versicherungsperiode. Der Erbe kann also den Versicherungsschutz noch in Anspruch nehmen, soweit Rechtsschutz zugunsten des Nachlasses aus Ansprüchen besteht, vorausgesetzt natürlich, dass sich der Versicherungsschutz auf diese erstreckt. Dies ist besonders wichtig, wenn der Todesfall auf Grund eines Verkehrsunfalles eingetreten ist und hierfür Versicherungsschutz bestand. Der Erbe kann durch Zahlung der nächsten Prämie eintreten. Dies sollte aber mit der Versicherung abgesprochen werden.

Haftpflichtversicherung für ein Fahrzeug

Sie kann mit dem Tod nicht enden, da sie sowohl das Risiko des Halters als auch des berechtigten Fahrers versichert – und dieses Risiko besteht weiter. Die Erben müssen also handeln, da die Versicherung zu ihren Gunsten und ihren Lasten weitergeführt wird. War der Verstorbene Versicherungsnehmer, kann nach Eigentumsübertragung des PKW – gleichgültig, ob im Wege der Auseinandersetzung (dazu Seite 76) oder infolge Veräußerung an einen Dritten oder auch nach Verschrottung – der Vertrag gekündigt werden, anderenfalls läuft er für den Erwerber weiter, falls nicht dieser kündigt. Die unverzügliche Ummeldung bzw. Abmeldung hat zu erfolgen und die entsprechende Bescheinigung muss der Versicherung zugeleitet werden.

Ein Alleinerbe, welcher das Fahrzeug behalten will, muss den Vertrag bis zur nächsten Kündigungsmöglichkeit (normalerweise zum Kalenderjahresende; Kündigungsfrist ein Monat, also Zugang an die

Versicherung im November) weiterführen. Die bezahlte Prämie gilt für ihn weiter. Falls in seiner Person die Voraussetzungen für die niedrigere Prämie des Verstorbenen nicht vorliegt, kann die Versicherung zeitanteilig nachberechnen. Es ist also erforderlich, den Tod und den Eintritt in den Versicherungsvertrag unverzüglich anzuzeigen.

Sonstige Rechtsverhältnisse

Dass der Arbeitgeber vom Tod des Arbeitnehmers sofort zu verständigen ist, versteht sich von selbst. Evtl. noch offene Lohnforderungen gehören dem Erben. Ob noch nicht genommener zeitanteiliger Rest-Urlaub verfallen ist oder dem Erben ausbezahlt wird, ergibt sich aus dem Arbeitsvertrag (Tarifvertrag).

Mitgliedschaft in Vereinen enden kraft Gesetzes durch den Tod. Es genügt also, den Tod des Mitglieds dem Verein anzuzeigen. Manchmal ist vorgesehen, dass der bereits fällige und bezahlte Beitrag für das laufende Jahr nicht zurückgezahlt wird. Andererseits wäre evtl. ein großzügiger Verzicht angebracht. Es gibt kein gesetzliches „Eintrittsrecht" für Erben oder Kinder des Verstorbenen. Besonders bei begehrten Mitgliedschaften, die nicht ohne weiteres zu erlangen sind (exklusive Tennisclubs) mag dies bedauerlich sein. Allerdings ermöglicht die Satzung manchmal den Eintritt für Hinterbliebene zu moderaten Bedingungen.

Gesellschaften des bürgerlichen Rechts werden durch den Tod eines Gesellschafters aufgelöst (§ 727 Abs. 1 BGB), falls im Gesellschaftsvertrag nichts anderes bestimmt ist.

Soweit die Gesellschaft zu Erwerbszwecken eingegangen wird (z. B. Musikkapellen), wird wohl immer ein Gesellschaftsvertrag vorliegen, der die gegenseitigen Rechte und Pflichten im Todesfall regelt. Es gibt aber auch „Mini-Gesellschaften" ohne schriftlichen Vertrag auf Grund einfacher mündlicher Absprachen. Dann wird kein Weg an der Liquidierung vorbeiführen, wenn der Erbe mit den übrigen Gesellschaftern nichts anderes vereinbart.

Beispiel: _____

Drei Hobbymusiker machen Hausmusik und haben dazu gemeinsam eine Trommel und eine Menge Noten gekauft. Zwei Frauen haben zusammen ein altes Auto gekauft, mit dem sie regelmäßig gemeinsam zur Arbeit fahren.

Die Mitgliedschaft in der Kirche oder einer Religionsgemeinschaft endet mit dem Tod des Mitglieds. Ein Übergang der Mitgliedschaft auf die Erben ist nicht vorgesehen. Falls dies nicht schon mit Rücksicht auf die Beerdigung erfolgte, sollte der Tod dem Pfarrer, Pastor oder Vorstand angezeigt werden.

War der Verstorbene Mitglied einer Handelsgesellschaft (OHG, KG, GmbH), regelt der Gesellschaftsvertrag die Folgen des Todesfalles. Der Erbe wird wohl immer die Beratung durch einen Anwalt oder Steuerberater suchen müssen. Bei Genossenschaftsbanken (Volksbank, Raiffeisenbank etc.) ist es üblich, dass die Kunden auch „Genossen" sind, also einen Genossenschaftsanteil haben. Ob nun der Erbe „Genosse" wird bzw. werden kann oder die Mitgliedschaft kündigen und Herauszahlung des Anteils verlangen kann, ergibt sich aus der Satzung.

Auch das für die Einkommensteuer zuständige Finanzamt sollte vom Tod verständigt werden, wenn der Verstorbene steuerpflichtig war. Hatte er eine Lohnsteuerkarte und kommt diese vom Arbeitgeber zurück, darf sie keinesfalls vernichtet werden. Sie wird für den Jahreslohnsteuerausgleich benötigt und ist auch dann dem Finanzamt einzureichen, wenn kein Antrag auf Jahreslohnsteuerausgleich gestellt wird, sogar dann, wenn die Lohnsteuerkarte leer in der Wohnung des nicht mehr lohnsteuerpflichtigen Verstorbenen gefunden wird.

Wichtig: Witwen, die bisher keine lohnsteuerpflichtigen Einnahmen hatten, jetzt aber infolge des Todes solche erhalten – also insbesondere Beamten-Witwen, die jetzt Witwenpension erhalten – müssen sich sofort eine eigene Lohnsteuerkarte bei der Gemeinde ausstellen lassen und der Pensionskasse einreichen. Hatten sie bisher Steuerklasse 2 (verheiratet ohne Kinder), erhalten sie diese Steuerklasse noch im Sterbejahr und ein Jahr darauf, ab dann Steuerklasse 1.

Amtliche Ausweise (Personalausweis, Reisepass, Führerschein) werden regelmäßig von den ausstellenden Behörden nicht eingezogen und müssen daher nur auf Verlangen abgeliefert werden. Aber: Wer sie aus Pietätsgründen nicht vernichten will, soll sie gut – unter Verschluss – verwahren. Wird damit Missbrauch getrieben, sind Schadensersatzforderungen denkbar.

Todesfall und Rente

Die Rechtsgrundlage

Witwen und Witwer, welche einen Anspruch auf eine Witwenrente/Witwerrente aus der Versorgung des Verstorbenen haben, sind hier nicht angesprochen, da die Verrechnung der bereits bezahlten, aber auf Grund des Sterbefalles an sich nicht mehr angefallenen Rente mit den künftigen Bezügen kein Problem bereitet. Es geht also um den Fall, dass die Rente mit dem Sterbefall endet. Geregelt ist dies für die Rentenversicherung in § 118 SGB VI und für eine Rente aus der Unfallversicherung in § 96 SGB VII. Beide Regelungen sind inhaltlich gleich. Für Beamte gelten ähnliche Regelungen.

Die Rücküberweisung

Den Erben gegenüber gilt eine Überweisung auf das bisherige Konto des Verstorbenen als mit befreiender Wirkung geleistet, wenn der Betrag im Sterbemonat fällig geworden ist. Wenn es also ein „Nicht-Erbe" verstanden hat, diesen Betrag vom Konto abzuheben, besteht kein Anspruch des Erben gegen die auszahlende Stelle auf nochmalige Leistung.

Wurde ein Betrag überwiesen, der infolge des Todes nicht mehr zu zahlen war, gilt für die Rücküberweisung durch die Bank Folgendes:

- Kraft Gesetzes gilt die Überweisung als „unter Vorbehalt" erfolgt.

- Die Bank, bei welcher der Verstorbene das „Renten-Konto" unterhielt, ist grundsätzlich verpflichtet, auf Verlangen der überweisenden Stelle die infolge des Todes zu Unrecht gezahlte Rente zurück zu überweisen.

- Sie muss es, wenn die Rücküberweisung aus einem Guthaben auf diesem Konto erfolgen kann.

- Sie darf hierbei den zu Unrecht überwiesenen Betrag nicht gegen eine eigene Forderung, also zur Deckung eines Negativsaldos, verrechnen. Hat sie das getan, muss sie den Betrag auch dann zurück überweisen, wenn sie ihn bei Eingang so verrechnet hatte.

- Sie muss den zu Unrecht überwiesenen Betrag nicht mehr zurück überweisen, wenn bei seinem Eingang kein Negativ-Saldo vorgelegen hat, ein solcher aber inzwischen durch Verfügungen (Abhebungen, Überweisungen etc.) entstanden ist. Hierzu gehört auch die übliche Bezahlung der Beerdigungsrechnungen durch die Bank (Seite 34), ohne die Legitimation (als Erbe) des Einreichenden zu prüfen.

- Im letztgenannten Fall muss sie aber dem Rententräger alle Angaben machen, welche dieser benötigt, um seinen Ersatzanspruch – folgender Abschnitt – durchzusetzen.

Ersatzanspruch des Rententrägers

Besteht kein Anspruch gegen die Bank auf Rückruf, kann der Rententräger von demjenigen Ersatz verlangen, welcher durch seine Abhebung oder durch einen Überweisungsauftrag den Negativstand des Kontos herbeigeführt hat. Geschah dies durch Überweisung der Bestattungskosten seitens der Bank z. B. an das Beerdigungsinstitut, ist jeder verpflichtet, welcher der Bank die Belege mit diesem Auftrag übergeben hat.

Ebenfalls rückzahlungspflichtig ist jeder, der vom Konto des Verstorbenen einen Geldbetrag auf banküblicher Weise empfangen hat, also z. B. durch einen Dauerauftrag oder Lastschrifteinzug. Angenommen also, die Oma hat monatlich per Dauerauftrag dem Enkel 25,– EUR Taschengeld überwiesen und dies hat mit dazu beigetragen, dass der Renten-Rückruf nicht mehr möglich war, muss er den Betrag zurückgeben.

Schließlich und letztlich ist auch noch der Erbe (§ 50 SGB X) zur Erstattung verpflichtet.

Die Flutkatastrophe an Weihnachten 2004 gibt Anlass zum Hinweis, dass die Rentenstelle die bisherige Rente eines Vermissten einige Zeit weiterzahlen wird, dass aber unter bestimmten Umständen ein Rückruf möglich ist. Die Angehörigen des Vermissten sollten daher nur die allernotwendigsten Aufwendungen aus dem Renteneinkommen zahlen und bedenken: Jeder, der Geld abgehoben hat – gleichgültig wofür – schuldet der Rentenstelle einen späteren berechtigten Rückruf.

Hinterbliebenenrente für einen Verschollenen erfordert regelmäßig die gerichtliche Todeserklärung, falls die Rentenstelle keine anderen Nachweise akzeptiert. Wegen der Todeserklärung wende man sich an den zuständigen Rechtspfleger beim Amtsgericht.

Wer also als „Träger der Totenfürsorge" (Seite 27) über das Konto des Verstorbenen die Beerdigungskosten bezahlt und hierdurch für einen Negativsaldo gesorgt hat, haftet dem Rententräger, auch wenn er nicht Erbe geworden ist.

Praxis-Tipp:

- Überzahlte Rente zahlt die Bank an den Rentenversicherer zurück, wenn

    - zum Zeitpunkt der Rückforderung ein Guthaben auf dem Girokonto des Verstorbenen vorhanden ist;

    - nur deshalb kein Guthaben vorhanden ist, weil die Bank von sich aus die eingegangene letzte Rente auf einen bereits vorhandenen Minus-Saldo verrechnet hat.

- Die Bank zahlt überzahlte Rente nicht zurück, wenn

    - die Erben oder sonstige Angehörige (z. B. zur Bestreitung der Bestattungskosten) den Minussaldo verursacht haben.

    - Dann muss aber die Bank dem Rentenversicherer die Personen benennen, die den Minussaldo (durch Überweisung oder Geldempfang) verursacht haben.

- Erstattungspflichtig ist,

    - wer etwas auf „bankübliche Weise" (also durch Abhebung, Überweisung etc.) vom Konto des Verstorbenen (Rentenkonto) erhalten hat;

    - wer durch eine Anweisung auf das Konto (auch zur Bezahlung der Beerdigungskosten) für den Minussaldo gesorgt hat, und

    - schließlich der Erbe, auch aus seinem Privatvermögen.

Umgang mit dem Nachlassgericht

4

Testament und Gericht

Gericht und Standesamt

Das Nachlassgericht (= das Amtsgericht am letzten Wohnsitz des Verstorbenen) erfährt den Todesfall vom Standesamt durch eine „Todesanzeige", die also nichts mit einer Annonce in einer Zeitung zu tun hat. Wer den Tod anzeigt, wird Folgendes gefragt werden (Seite 26):

- Letzter Wohnsitz des Verstorbenen.

- Geburtstag und Geburtsort; Geburtsurkunde muss vorgelegt werden.

- Name und Anschrift des überlebenden Ehegatten und der Kinder.

- Hatte der Verstorbene „Vermögen", insbesondere Grundbesitz?

- Ist bekannt, ob der Verstorbene ein Testament hinterlassen hat?

Einzelheiten können landesrechtlich verschieden sein.

Diese Angaben sind nicht für Zwecke des Standesamtes, sondern des Nachlassgerichts bestimmt und werden daher in die Todesanzeige aufgenommen. Es ist niemand gedient, wenn vorsätzlich falsche bzw. ungenügende Angaben gemacht werden. Eher steht zu befürchten, dass die spätere gerichtliche Abwicklung verzögert oder erschwert wird. Den Begriff „Vermögen" soll man nicht zu eng sehen. Hatte der Verstorbene Grundbesitz (dazu Seite 61), soll das immer angegeben werden, auch wenn dieser Grundbesitz nahezu wertlos ist.

„Letzter Wohnsitz" im Sinne des Gesetzes muss nicht der Sterbeort sein, auch nicht der Ort, an dem der Verstorbene polizeilich gemeldet war, sondern der Ort, an welchem er vor seinem Tod für nicht absehbare Zeit gewohnt hat. Eine Dame, die immer noch an ihrem früheren Wohnort Ludwigshafen unter der Anschrift ihrer dort befindlichen – leer stehenden – Wohnung gemeldet ist, aber seit einem Jahr bei ihrer Tochter in Bad Dürkheim lebte und dort gestorben ist, hatte Bad Dürkheim als „letzten Wohnsitz" und somit ist die Zuständigkeit des dortigen Amtsgerichts als Nachlassgericht begründet.

Das Nachlassgericht wird also über den Sterbefall informiert. Wie erfährt es aber, ob auch ein Testament vorhanden ist?

Testament liegt beim Gericht

Da das notarielle Testament immer beim Gericht am Amtssitz des Notars verwahrt wird, man sich für die Testamentserrichtung jeden deutschen Notar aussuchen kann (es gibt keine örtliche Zuständigkeit) und man ja schließlich im Laufe des Lebens umziehen kann, muss das Testament nicht beim Gericht des letzten Wohnsitzes (Nachlassgericht) liegen. Gleiches gilt für das gerichtlich verwahrte privatschriftliche Testament, das ja nicht am Wohnsitz verwahrt werden muss, sondern bei jedem (!) Amtsgericht hinterlegt werden kann.

Wie erfährt nun aber das Nachlassgericht, dass irgendwo in Deutschland ein Testament des Verstorbenen liegt?

Das Gericht, bei welchem das Testament hinterlegt wird, gibt eine Nachricht an das Standesamt, bei welchem die Geburt des Testierenden registriert ist (bei Auslandsgeburten an ein Zentral-Standesamt). Dort wird dies beim Geburtseintrag vermerkt. Das Standesamt, welches den Todesfall beurkundet, verständigt auch das Geburts-Standesamt – und dieses informiert dann das Gericht über die Verwahrung eines Testamentes.

Testament liegt irgendwo zu Hause

Wer immer in den Besitz eines Testamentes gelangt ist, muss dieses, wenn er vom Todesfall erfährt, beim zuständigen Nachlassgericht abliefern. Bei Weigerung drohen Zwangsgelder. Unterschlagung oder Vernichtung ist strafrechtlich relevant. War das Testament beim Gericht hinterlegt, könnte ein „Hinterlegungsschein" aufgefunden werden, der zweckmäßigerweise ebenfalls dem Nachlassgericht (Amtsgericht am letzten Wohnsitz des Verstorbenen) übergeben wird.

Verfahren beim Nachlassgericht

Nun muss das Nachlassgericht das Testament „eröffnen". Darunter versteht man nicht etwa nur das Aufschneiden des Umschlags, in welchem sich dieses befindet (obwohl das auch bei dieser Gelegenheit erfolgt), sondern die amtliche Kenntnisnahme vom Inhalt und die Information der Beteiligten. Von diesem Eröffnungstermin soll das Nachlassgericht die gesetzlichen Erben (also z. B. Ehegatte, Kinder) informieren, damit sie zur Eröffnung kommen können. Deshalb werden deren Namen und Anschriften beim Standesamt (Seite 26) abgefragt. Sind sie erschienen, wird ihnen das Testament „verkündet", also vom Rechtspfleger vorgelesen. In § 2260 BGB heißt es aber, dass die Einladung der gesetzlichen Erben zur Testamentseröffnung nur „soweit tunlich" erfolgen soll. In der Praxis ist es leider üblich geworden, diese Einladung der Beteiligten als „untunlich" anzusehen und zu unterlassen, weil sie Arbeit verursacht.

Ist das Testament „eröffnet", errichtet der Rechtspfleger hierüber ein Protokoll. Außerdem muss er jetzt die gesetzlichen Erben und andere im Testament genannte Personen über den sie betreffenden Inhalt schriftlich informieren, soweit sie zur Testamentseröffnung nicht erschienen waren.

War das Testament bei einem anderen Gericht als dem Nachlassgericht hinterlegt, wird es dort (formlos) eröffnet. Dies geschieht aus Sicherheitsgründen, damit kein Schaden eintritt, wenn das Testament auf dem Transport (Postweg) verloren geht. Die vorgenannte schriftliche Benachrichtigung erfolgt dann aber vom Nachlassgericht.

Über das „Vermögensverzeichnis" und die Kosten siehe Seite 67.

Der Nachweis des Erbrechts

Allgemein

Oft genug muss der Erbe sein Erbrecht nachweisen, z. B. bei der Bank. Der wichtigste Nachweis ist der Erbschein, den man beim Nachlassgericht bekommen kann. Da seine Ausstellung ziemlich teuer ist, sollte man alle Möglichkeiten ausschöpfen, ohne ihn auszukommen. Ob das gelingt, hängt davon ab, wie bekannt man bei den einzelnen Stellen ist, bei denen ein Nachweis erfolgen muss und wie flexibel diese sind.

Braucht jeder Erbe einen Erbschein?

Ganz gleichgültig, ob ein privatschriftliches Testament vorhanden war (zum notariellen Testament siehe Seite 72) oder die gesetzliche Erbfolge eingetreten ist, braucht der Erbe einen Erbschein in folgenden Fällen:

- Wenn auf den Namen des Verstorbenen Grundbesitz eingetragen ist. Unter „Grundbesitz" ist alles zu verstehen, was einer Eintragung ins Grundbuch bedarf, also

  - Haus, Bauplatz, Acker, Wiese;
  - Eigentumswohnung;
  - Erbbaurecht.

Dies gilt auch dann, wenn der Verstorbene nur Miteigentümer – z. B. in einer früheren Erbengemeinschaft – war.

- Wenn von irgendwo Geld herkommen soll und diese Stelle auf der Vorlage eines Erbscheins besteht, insbesondere also Banken und Lebensversicherungen ohne Bezugsberechtigung.

Es ist üblich, dass für mehrere Erben nur ein gemeinschaftlicher Erbschein ausgestellt wird, welcher das Erbrecht aller Erben nach Quoten ausweist.

Wenn kein Grundbesitz vorhanden ist, soll versucht werden, ohne Erbschein auszukommen, da so erhebliche Kosten gespart werden können. Dabei können folgende Überlegungen hilfreich sein:

Hatte der Verstorbene für seine Lebensversicherung einen Bezugsberechtigten bestimmt, so erhält dieser die Versicherungssumme gegen Vorlage der Sterbeurkunde ohne Erbschein. Also noch zu

Umgang mit dem Nachlassgericht

Lebzeiten vorhandene Lebensversicherungen dahin überprüfen, ob eine Bezugsberechtigung bestimmt wurde (die Gesellschaft gibt dem Vertragspartner Auskunft). Notfalls sofort eine Bezugsberechtigung bestimmen oder diese ändern, wenn die bisherige nicht mehr erwünscht ist oder der Berechtigte bereits verstorben ist.

Hatte der Verstorbene keine Bezugsberechtigung bestimmt, sollte man versuchen, die Versicherung von der Erbfolge zu überzeugen. Dies gelingt manchmal, wenn man der Versicherung eine Kopie des Testamentes und eine Abschrift des gerichtlichen Eröffnungsprotokolls schickt.

Bei den Banken sollte es eigentlich keine Schwierigkeiten geben, wenn das Konto als gemeinschaftliches Konto (z. B. der Eheleute) angelegt war oder wenigstens eine Vollmacht „über den Tod hinaus" auf den Erben ausgestellt war. Ist dies nicht der Fall, wird es wesentlich darauf ankommen, ob der Verstorbene seit Jahrzehnten bei einer Bank am Ort alle seine Bankgeschäfte erledigt hatte und man dort ihn und seinen Familienstand genau kennt. Dann wird man eher zu einer Einigung ohne Erbschein kommen als bei Banken, deren Zentrale weit entfernt ist und die ihre Kunden nicht kennen. Die Postbank z. B. wird immer einen Erbschein fordern, wenn die vorgenannten Voraussetzungen (Vollmacht, „Oder-Konto") nicht vorliegen.

Wichtig: Bevor ein Erbschein beantragt wird, soll mit den Banken, bei denen sich Gelder des Verstorbenen befinden, und mit der Lebensversicherung dahingehend verhandelt werden, ob man dort auf einen Erbschein verzichtet. Dies gilt auch – siehe die folgenden Ausführungen –, wenn man am Ende doch noch einen Erbschein benötigt, weil Grundbesitz vorhanden ist.

Auch in den Landesteilen, in denen es noch vor Jahren üblich war, dass die Erben in aller Form vom Nachlassgericht „vorgeladen" wurden, ist dies heute nicht mehr der Fall (die Gesetze haben sich geändert!). Wenn Grundbesitz vorhanden ist, erinnert das Gericht gelegentlich die Hinterbliebenen schriftlich daran, dass sie einen Erbschein beantragen müssen.

„Nothilfe" ohne Erbschein

In besonders gelagerten Fällen kann noch eine „Nothilfe" des Nachlassgerichts in Betracht kommen, die aus den nachgenannten Gründen nahezu in Vergessenheit geraten ist. Wegen §§ 1962, 1846 BGB wurde schon immer die Auffassung vertreten, dass das Nachlassgericht, wenn die Voraussetzungen für die Bestellung eines Nachlasspflegers vorliegen, auch selbst vorläufige Anordnungen treffen kann, ohne einen Nachlasspfleger zu bestellen.

Voraussetzung ist, dass die Erbschaft noch nicht angenommen ist. Diese seit 1900 bestehende Rechtslage ist früher in manchen Landesrechten (z. B. der Bayerischen Nachlassordnung) formell ausgestaltet worden. Nun sind diese Landesrechte aber alle aufgehoben, so dass es an einer formellen Ausgestaltung der immer noch sachlich vorhandenen Möglichkeit fehlt, und es dürfte nur noch Rechtspflegern in der Nähe der Pensionsgrenze in Bayern und in der Pfalz in Erinnerung sein, dass so etwas einmal sogar geregelt war. Dessen ungeachtet aber könnte das Nachlassgericht auch heute noch in geeigneten Fällen z. B. wie folgt tätig werden:

Beispiel:

Es ist ein Bankkonto mit geringem Bestand vorhanden und es wurde versäumt, zu Lebzeiten (siehe oben) Vorsorge zu treffen. Die Bank (z. B. Postbank) weigert sich, den Angehörigen eine Verfügung zu gestatten und überweist auch nicht die Beerdigungskosten zu Lasten des Kontos an die Gläubiger.

In diesem Fall – vorausgesetzt, die Erbschaft ist noch nicht „formell" angenommen – könnte das Nachlassgericht durch Beschluss anordnen, dass einer der Angehörigen das Konto auflösen darf, um damit die Beerdigungskosten zu bezahlen. Er ist dann verpflichtet, dem späteren Erben Rechnung zu legen.

Die Möglichkeit einer solchen Anweisung ist nicht auf die Beerdigungskosten beschränkt, sondern könnte auch für andere dringende Bedürfnisse ergehen.

Sollte sich ein Rechtspfleger mit der Begründung weigern, „das habe er noch nie gehört" (stimmt wahrscheinlich!), verweisen Sie ihn bitte auf den Aufsatz des Kollegen Bestelmeyer in der Zeitschrift „Der Deutsche Rechtspfleger", Heft Nr. 12, 2004, Seite 679 ff., die in jedem Amtsgericht vorhanden ist.

Das Verfahren kostet im Übrigen eine volle Gebühr (dazu Seite 71) aus dem Wert der Gegenstände, auf die sich die nachlassgerichtliche Anordnung bezieht (§ 104 Abs. 1 KostO).

Antrag auf Ausstellung eines Erbscheins

Wie beantrage ich den Erbschein?

Steht fest, dass ein Erbschein benötigt wird, weil Grundbesitz vorhanden ist und/oder die Verhandlung mit den Banken oder Lebensversicherungen gescheitert sind, muss nun ein Antrag gestellt werden. Man sollte dies nicht aufschieben, sondern alsbald in Angriff nehmen.

Diesen Antrag kann man nicht schriftlich stellen; auch ein Rechtsanwalt kann es nicht. Es gibt nur drei Möglichkeiten:

- Man stellt den Antrag durch einen Notar, oder

- man stellt ihn direkt beim Nachlassgericht, oder

- man stellt ihn beim eigenen Wohnsitzgericht, wenn das entfernte Nachlassgericht hierzu mit einem Ersuchen die Akten übersendet (dazu Seiten 65 und 136).

Nachlassgericht oder Notar?

Leider erleben manche Erben, die beim Nachlassgericht um einen Termin bitten, dass man ihnen erklärt, die Termine seien auf lange Zeit ausgebucht und man solle doch besser zu einem Notar gehen. Das koste genau so viel und gehe schneller. Beides ist nur bedingt richtig. Die Gebühren als solche sind in der Tat gleich. Der Notar aber erhebt dazu noch Schreibgebühren und vor allem seine Umsatzsteuer (Mehrwertsteuer) und damit wird es bei ihm doch –

wenn auch nur unerheblich – teurer. Wer es nicht sehr eilig hat und lieber den Antrag beim Gericht stellen möchte, soll sich dort nicht mit allgemeinen Zeitangaben zufrieden geben, sondern darauf bestehen, dass ihm der nächstmögliche Termin genannt wird. Dann kann man immer noch entscheiden, ob man den Termin akzeptiert oder doch zum Notar geht.

Der Erbe kann den Antrag auch beim Amtsgericht seines Wohnsitzes stellen, allerdings nur, wenn das Nachlassgericht seine Akten zum Amtsgericht des Wohnsitzes schickt und dieses ersucht, einen Erbscheins-Antrag entgegenzunehmen. Wer Erbe ist und nicht im Bezirk des Nachlassgerichts wohnt, kann schriftlich beantragen, die Akten zur Entgegennahme eines Antrags auf Ausstellung eines Erbscheins dem eigenen Wohnsitzgericht zu übersenden. Ein Muster hierzu finden Sie auf Seite 136.

Die Antragstellung

Wenn irgendwie möglich, sollen alle Personen, die gemeinsam Erbe werden (also nicht die Vermächtnisnehmer), auch gemeinsam zum Gericht oder zum Notar gehen und den Antrag gemeinsam stellen. Ist dies nicht möglich, weil einer der Erben weit entfernt wohnt (z. B. in den USA) oder zum Termin unabkömmlich ist, sollte er einem anderen Erben (oder einer dritten Person) eine Vollmacht erteilen. Beim Nachlassgericht sind Vordrucke vorhanden. Ein Muster für eine solche Vollmacht befindet sich auch auf Seite 134. Ob eine Beglaubigung verlangt wird, kann man beim Nachlassgericht erfragen. Regelmäßig ist dies nicht der Fall, aber das entscheidet das Gericht.

Geschieht dies nicht, so wird sich die Angelegenheit verzögern. Innerhalb Deutschlands verschickt üblicherweise dann das Nachlassgericht die Akten an das Wohnsitzgericht aller Miterben und ersucht, diese zum Erbscheinsantrag zu hören. Dann sollte aber auf die vom Antragsteller bereits abgegebene eidesstattliche Versicherung Bezug genommen und beantragt werden, eine nochmalige eidesstattliche Versicherung zu erlassen, da diese nochmals eine Gerichtsgebühr auslösen würde. Gelegentlich wird aber hierauf auch verzichtet und der nicht miterschienene Erbe wird schriftlich zur Stellungnahme aufgefordert, wobei meist ein Formblatt zum Ausfüllen und Einsenden beigefügt ist.

Wenn ein Testament vorhanden ist, muss dies sofort nach dem Tod beim Nachlassgericht abgeliefert werden. Es darf nicht erst zum Termin mitgebracht werden. Da beim notariellen Testament und beim Erbvertrag das Original immer beim Gericht liegen muss, kann sich in den Unterlagen des Verstorbenen nur eine Ausfertigung bzw. eine Abschrift befinden. Diese muss man nicht zum Gericht tragen, aber zweckmäßigerweise zum Termin mitbringen.

Zum Termin mitzubringen ist aber:

- Beim Notar die Sterbeurkunde. Beim Gericht ist dies regelmäßig nicht erforderlich, da dort die „Todesanzeige" (Seite 58) vorliegt.

- Geburtsurkunde des Verstorbenen, dessen Heiratsurkunde, Scheidungsurteil oder Sterbeurkunde des Ehegatten.

- Geburtsurkunden der Kinder, Sterbeurkunden vorverstorbener Kinder, Geburtsurkunde der Enkel, wenn ihr Vater, ihre Mutter (Kind des Verstorbenen) vorverstorben ist.

Ein Teil dieser Urkunden befindet sich im Familienstammbuch. Regelmäßig genügt dann dessen Vorlage und das Gericht bzw. der Notar fertigt hieraus Kopien an.

Im Termin müssen die Erben Folgendes an Eides statt versichern:

- Dass zwischen den Erben noch kein Prozess um die Erbschaft anhängig ist;

- dass keine weiteren Personen bekannt sind als jene, die dem Gericht genannt wurden;

- dass kein Ehevertrag des Verstorbenen bekannt ist;

- dass kein Testament bekannt ist, gegebenenfalls kein weiteres als jenes, das dem Gericht vorliegt.

Eine falsche eidesstattliche Versicherung ist strafbares Unrecht. Daher bitte nichts „vergessen". Auch die nichtehelichen Kinder des Herrn Vaters müssen angegeben werden, auch wenn dies peinlich ist. Auch das „überholte" Testament aus der Schublade muss abgeliefert werden.

Außerdem müssen Angaben zum Wert des Nachlasses und zu den Verbindlichkeiten (Beerdigungskosten) gemacht werden, weil das Gericht diese Angaben für seine Kostenrechnung benötigt. Dazu aber im nächsten Abschnitt mehr.

Die Kosten des Gerichts

Das Formblatt „Vermögensverzeichnis"

Wenn man beim Gericht wegen eines Termins oder wegen der Vollmachtformulare vorspricht, erhält man meist auch noch ein Formblatt „Vermögensverzeichnis", das zum Termin ausgefüllt mitgebracht werden muss. Manchmal wird es auch schon dem oben genannten schriftlichen Hinweis auf die Notwendigkeit eines Erbscheins beigefügt. Da dieses Formblatt in den einzelnen Bundesländern verschieden ist, können hier nur allgemeine Hinweise zum Ausfüllen gegeben werden:

Zunächst einmal ist gut zu wissen, dass dieses Formblatt zu nichts anderem dient als zur Berechnung der Gerichtskosten. Es ist also nicht verbindlich für die Teilung des Nachlasses oder für die Berechnung von Pflichtteilsansprüchen. Es wäre also ohne Sinn, dass sich missliebige Beteiligte dadurch profilieren wollen, die Aufnahme möglichst hoher Beträge zu verlangen. Die Gerichtskosten werden vorweg abgezogen und sind daher letztendlich von allen Erben gemeinsam zu tragen und beeinträchtigen auch die Höhe des Pflichtteils.

Die Bewertung des Grundbesitzes

Das Gericht verlangt neben den allgemeinen Angaben zur Art und Lage des Grundbesitzes regelmäßig folgende Wert-Angaben:

- Einheitswert des Finanzamtes
- Brandversicherungswert
- Verkehrswert

Tatsächlich berechnet das Gericht seine Kosten nach dem „Verkehrswert" des Grundbesitzes, also dem Preis, zu dem das Objekt zum Todeszeitpunkt zu verkaufen gewesen wäre. Nicht maßgebend sind also der Einheitswert und auch nicht der Wert, den das Finanzamt für die Zwecke der Erbschaftsteuer berechnen wird (Seite 127). Auch der Brandversicherungswert kann nicht maßgebend sein, da es sich hierbei um den Wiederaufbauwert (Neuwert) handelt. Sollte ein Gericht aus Bequemlichkeit diesen Wert zugrunde legen wollen, so sollten Sie sich dies nicht gefallen lassen!

Der Rechtsbehelf im Falle einer zu hohen Kostenrechnung heißt „Erinnerung", die schriftlich oder zu Protokoll des Gerichts eingelegt werden kann. Es entscheidet – meist in letzter Instanz – ein Richter des Amtsgerichts. Bis dahin entstehen für die Erinnerung keine Gerichtsgebühren. Nur bei besonders hohen Differenzen zwischen erhobener und richtiger Gebühr kann die Sache zum Landgericht gelangen. Dann sollte man sich aber beraten lassen.

Wie aber erfährt das Gericht den „Verkehrswert"? Natürlich wird es keine Schätzung veranlassen. Es ist auf seine Sach- und Marktkunde und auf die Angaben der Beteiligten angewiesen. Es wird also nach der Höhe der Mieten fragen, wenn das Objekt vermietet war, und nach dem Mietwert der vom Verstorbenen bewohnten Wohnung. Auf Grund seiner Erfahrung kann der Rechtspfleger mit diesen Angaben schon in etwa den Verkaufswert berechnen. Was er aber nicht weiß und was die Antragsteller vorbringen müssen, ist der Zustand des Objektes! Wenn also ein „Instandsetzungsstau" vorliegt – und das wird wohl immer der Fall sein – sollte man mit möglichst konkreten Angaben über die Schäden und Mängel das Gericht von einem niedrigen Wert überzeugen. Alle diese Angaben am besten vorher schriftlich abfassen, mitbringen und dem Vermögensverzeichnis beifügen. Je niedriger der Wert, umso niedriger die Gebühr.

Wichtig: Sind im Haus Instandsetzungsarbeiten erforderlich – und das wird wohl meist der Fall sein – muss in einer Anlage zum Vermögensverzeichnis genau geschildert werden, was alles repariert werden muss und was dies – großzügig geschätzt – kosten wird. Damit kann man einen niedrig angesetzten Verkehrswert begründen.

Die Bewertung des Mobiliars und der persönlichen Gegenstände

Bitte beachten, dass es sich um den Verkaufswert handelt. Da gebrauchte Gegenstände dieser Art – dies gilt auch für einen PKW – kaum noch einen Wert haben, sollte man einen niedrigen Pauschalbetrag für diese Sachen in Vorschlag bringen, der regelmäßig auch akzeptiert wird. Wenn die Wohnung via Müllhalde aufgelöst wird, sollte man dies angeben und als Wert „0" einsetzen.

Sparbücher, Wertpapiere usw.

Im Vermögensverzeichnis müssen alle Konten einzeln mit dem Stand per Todestag eingetragen werden. Deshalb sollten Sie die Sparbücher zum Termin mitbringen. Sind Wertpapiere vorhanden, wäre eine Depotberechnung per Todestag hilfreich. Auch das Girokonto muss mit dem Wert per Todestag angegeben werden.

Lebensversicherungen sind nur dann anzugeben, wenn keine Bezugsberechtigung (Seite 47) bestimmt war.

Es hat keinen Sinn, Sparbücher zu verschweigen. Es ist gut möglich, dass das Gericht bereits das Schreiben der Bank an das Finanzamt kennt.

Schulden des Verstorbenen

Alle Schulden, also z. B. bei der Bank (natürlich auch restliche Hypo-
thekenschulden), bei Versandhandlungen aus Ratenzahlungsge-
schäften oder private Darlehen angeben, auch Steuerschulden.
Offen stehende Krankheitskosten insoweit angeben, als sie nicht von
einer Krankenkasse bzw. Versicherung oder Beihilfe bezahlt werden.

Beerdigungskosten

Eine Einzelaufstellung fertigen und die Belege mitbringen. Die Aufstellung bleibt beim Gericht. Die Beerdigungskosten müssen nur
aufgestellt werden, wenn ein Erbschein beantragt wird. Wurde nur
ein Testament eröffnet, ist die Zusammenstellung entbehrlich.

Die Höhe der Kosten

Sie werden aus dem Wert des Nachlasses abzüglich der Schulden
berechnet. Bei der Gebühr für die Eröffnung des Testamentes/Erb-
vertrages werden die Beerdigungskosten nicht berücksichtigt.

Es fallen folgende Gebühren an:

$1/2$ Gebühr für die Eröffnung der letztwilligen Verfügung (Testament, Erbvertrag);

$1/1$ Gebühr für die eidesstattliche Versicherung (Seite 66). Diese
Gebühr erhebt der Notar, wenn der Antrag über ihn gestellt wird.

$1/1$ Gebühr für den Erbschein.

Beispiel:

Der Wert des Nachlasses nach Abzug der Schulden (noch ohne
Berücksichtigung der Beerdigungskosten) beträgt 200 000,–
EUR; die Beerdigungskosten betragen 20 000,– EUR.

Es ist ein privatschriftliches Testament vorhanden:

$1/2$ Gebühr für die Eröffnung des Testamentes:
Wert   200 000,– EUR;   Gebühr   178,50 EUR.

1/1 Gebühr für die eidesstattliche Versicherung:
Wert 180 000,– EUR;   Gebühr 327,– EUR.

1/1 Gebühr für den Erbschein:
Wert 180 000,– EUR;   Gebühr 327,– EUR.
Gesamte Gebühren für den Erbschein: 832,50 EUR.

Weitere Gebührenbeispiele. Jeweils angegeben ist die 1/1 Gebühr für den genannten Nachlasswert.

Wert	50 000,– EUR	1/1	Gebühr	132,– EUR
Wert	100 000,– EUR	1/1	Gebühr	207,– EUR
Wert	350 000,– EUR	1/1	Gebühr	582,– EUR
Wert	500 000,– EUR	1/1	Gebühr	807,– EUR

Andere Erbnachweise

Der „gegenständlich beschränkte" Erbschein

Ein auf den Grundbesitz beschränkter Erbschein kann beantragt werden, wenn geklärt ist (Seite 62), dass alle Banken etc. keinen Erbschein verlangen und dieser wirklich nur noch für die Grundbuchberichtigung benötigt wird. In diesem Fall erhält der Erbe keine Ausfertigung des Erbscheines ausgehändigt, sondern diese geht direkt an das Grundbuchamt, damit der Name des Verstorbenen gelöscht und der/die Namen des/der Erben eingetragen werden kann (Grundbuchberichtigung). In diesem Fall sollten Sie also ausdrücklich einen „auf den Grundbesitz beschränkten" Erbschein beantragen.

Dieser Erbschein ist besonders dann wesentlich billiger, wenn außer dem Grundbesitz noch Nachlass von Belang vorhanden ist, also Sparkonten, Wertpapiere etc.

Beispiel:

Die Eigentumswohnung hat einen Verkehrswert von 100 000,– EUR. Außerdem ist noch ein Sparguthaben von 60 000,– EUR vorhanden. Es ist kein Testament vorhanden, also die gesetz-

---

---

liche Erbfolge eingetreten. Die Bank erlaubt dem Erben ohne Erbschein die Verfügung über das Sparbuch. Beerdigungskosten 10 000,– EUR.

Kosten des „normalen" Erbscheins:

$^2/_1$ Gebühr aus 150 000,– EUR (100 000,– EUR + 60 000,– EUR – 10 000,– EUR) = 564,– EUR.

Kosten des gegenständlich beschränkten Erbscheins:

$^2/_1$ Gebühr aus 100 000,– EUR (ohne Abzug der 10 000,– EUR) = 414,– EUR.

Das Gericht bzw. der Notar müssen den Erben auf diese Möglichkeit nicht hinweisen. Wer es aber weiß, spart in diesem Fall locker 150,– EUR.

Man könnte auch das Gericht bzw. den Notar um Erteilung einer Abschrift des Antrags bitten. Sie hat rechtlich keinerlei Wert, wird aber als „gerichtliches Schreiben" gelegentlich zur Legitimation des Erben im Rechtsverkehr als ausreichend angesehen.

Das notarielle Testament

Beruht die Erbfolge auf einem notariellen Testament, braucht man auch dann keinen Erbschein, wenn Grundbesitz vorhanden ist. Vorausgesetzt ist, die Erbfolge ergibt sich ohne jede Notwendigkeit der Auslegung aus dem Testament. In diesem Fall sind üblicherweise auch die Banken bereit, auf Grund des Testamentes und des Eröffnungsprotokolls die Legitimation des Erben anzuerkennen. Was man hier sparen kann, ist enorm. Wahrscheinlich werden die Erben jene Gelder jetzt weitgehend einsparen, welche der Verstorbene seinerzeit beim Notar für die Errichtung des Testamentes ausgegeben hat. Dies sei am Beispiel Seite 70 erklärt:

Zur Erinnerung: Nachlasswert 200 000,– EUR. Beerdigungskosten 20 000,– EUR. Die Abwicklung bei einem privatschriftlichen Testament hätte 832,50 EUR gekostet. Beruht nun die Erbfolge auf einem notariellen Testament und wird deshalb kein Erbschein benötigt, berechnet sich die Gebühr für die Abwicklung (Erbnachweis und Grundbuchberichtigung) wie folgt:

$\frac{1}{2}$ Gebühr aus 200 000,– EUR (kein Abzug der Beerdigungskosten) = 178,50 EUR.

Gespart: 654,– EUR.

Wichtig: Wenn Grundbesitz vorhanden ist (und somit eine Erblegitimation notwendig wird) und wenn man eine problemlose Erbeinsetzung plant, gibt es keinen finanziellen Grund, nicht zum Notar zu gehen. Sachliche Vorteile siehe Seite 16.

Zu beachten ist allerdings, dass diese Ersparnis nicht eintritt, wenn es sich um den Vollzug einer Teilungsanordnung handelt (Seite 11). Im Beispiel Seite 12 müssten die Kinder Hans und Luise zum Notar, um das Haus auf Hans zu übertragen – und das kostet natürlich nochmals gehörig Geld. Auch der Eintrag im Grundbuch wäre nicht gebührenfrei.

Die Berichtigung des Grundbuchs

Es besteht eine rechtliche Verpflichtung, das Grundbuch durch Löschung des Namens des Verstorbenen und Eintrag des/der Namen des/der Erben zu berichtigen. Diesen Antrag müssen die Erben stellen. Regelmäßig geschieht dies im Zusammenhang mit dem Antrag auf Erteilung eines Erbscheins beim Notar oder beim Gericht. Ist der Erbe bei der Eröffnung des notariellen Testamentes anwesend, kann er dort den Antrag mündlich erklären. Anderenfalls muss er ihn schriftlich stellen, wenn ihm das notarielle Testament mit Eröffnungsprotokoll zugeht.

Die Grundbuchberichtigung ist gebührenfrei, wenn sie innerhalb von zwei Jahren seit dem Tod des früheren Eigentümers beantragt wird. Dies gilt nur für die Eintragung der Erben, nicht aber für den Vollzug einer Teilungsanordnung oder eines Vermächtnisses. Im

Falle des Beispiels Seite 31 müssten Aloisius und die Haushälterin zum Notar, um ihr die Eigentumswohnung zu übertragen. Dabei würden sowohl beim Notar als auch beim Grundbuchamt nicht unbeträchtliche Gebühren anfallen, die der Nachlass – also Aloisius – zu tragen hätte.

Praxis-Tipp:

- Ein Erbschein wird benötigt, wenn

  - sich die Erbfolge nicht aus einem notariellen Testament ergibt;

  - Grundbesitz vorhanden ist oder

  - Banken oder Lebensversicherung auf einem Erbschein bestehen.

- Die Grundbuchberichtigung (also die Eintragung der Namen der Erben im Grundbuch) ist kostenlos, wenn

  - sich die Erbfolge aus einem öffentlichen Testament ergibt, oder

  - ein Erbschein (auch ein auf den Grundbesitz beschränkter Erbschein) vorhanden ist, und

  - der Antrag innerhalb von zwei Jahren gestellt wird.

- Es fallen Notarkosten und Grundbuchkosten an, gleichgültig ob sich die Erbfolge aus einem notariellen oder privatschriftlichen Testament ergibt, wenn

  - eine Teilungsanordnung bezüglich des Grundbesitzes vollzogen werden muss (dazu Beispiel Seite 12);

  - „Grundbesitz" (dazu Seite 61) auf einen Vermächtnisnehmer übertragen werden muss (dazu Beispiel Seite 31).

Die Auseinandersetzung des Nachlasses

5

Die Erben sind sich einig

Grundsatz

Erben mehrere Personen gemeinschaftlich, so bilden sie eine Erbengemeinschaft. Das bedeutet, dass ihnen alle zum Nachlass gehörenden Gegenstände gemeinsam gehören, zunächst also auch jene Gegenstände, die wegen eines Vermächtnisses einem Dritten übertragen werden müssen, und jene, die nach einer Teilungsanordnung einem der Erben zufallen sollen. Die Juristen nennen dies eine „Gesamthandsgemeinschaft". Die Erben können diese Gemeinschaft über Jahre hinweg weiterführen oder aber auseinander setzen. Bei dieser Auseinandersetzung wird jedes Mitglied der Erbengemeinschaft Alleineigentümer dessen, was ihm zugefallen ist. Dass man vorher die Schulden bereinigt, ist wohl selbstverständlich.

Wenn sich alle an der Erbschaft beteiligten Personen einig sind, können sie bezüglich des Nachlasses im Rahmen der Gesetze alles vereinbaren, was sie wollen. Sie können also z. B. den gesamten Nachlass schenkungsweise (Achtung Schenkungsteuer!) oder gegen eine Geldabfindung (Achtung, evtl. steuerpflichtige „gemischte Schenkung", wenn die Abfindung deutlich zu niedrig ist!) auf einen übertragen, alle beweglichen Gegenstände und das Geld und die Wertpapiere beliebig unter sich verteilen und auch den Grundbesitz einem der Erben zu einem beliebigen Preis (siehe aber oben!) übertragen.

Gegen den Willen des Erblassers

Sind sich alle Erben einig, können sie sich auch über den testamentarischen Willen des Verstorbenen hinwegsetzen, also eine andere Verteilung vornehmen, oder aber z. B. der Haushälterin statt der Perlenkette das Diamanthalsband zur Erfüllung des Vermächtnisses geben, wenn diese das so haben will.

Will der Erblasser erreichen, dass sein letzter Wille auf jeden Fall durchgesetzt wird, weil er z. B. damit rechnet, dass sein zarter nachgeborener Sohn von seinen drei emanzipierten älteren Schwestern und deren raffinierten „Lebensgefährten" untergebuttert wird, dann muss er einen Testamentsvollstrecker bestellen. Gleiches gilt für Schwestern, die vor ihrem rabiaten Bruder geschützt werden müssen. In diesem Fall sollte auch das Testament besser beim Notar errichtet werden!

Schlecht geschützt sind auch die Berechtigten einer Auflage. Hat z. B. der Verstorbene bestimmt, dass seine Freundin ein Vermächtnis von 10 000,– EUR erhält, dafür aber den Kater Mungo bis zu dessen natürlichem Verenden pflegen muss, und setzt sie das Tier demnächst auf die Straße, dann gibt es nicht etwa einen „gesetzlichen Vertreter für den Kater" (so was gibt es nur in den USA), sondern die Erben können die 10 000,– EUR zurückverlangen.

Formen

Eine Aufteilung des Erbes unter den Erben kann formlos geschehen, wenn und solange kein Grundbesitz berührt wird. Sie können also z. B. das Mobiliar unter sich teilen und jeder nimmt mit, was ihm zugefallen ist. Ebenso können sie das Geld nach Begleichung der Verbindlichkeiten einfach aufteilen. Auch kann z. B. einer die noch nicht fälligen, aber gut verzinsten Geldanlagen zu Alleineigentum übernehmen, wobei es genügt, wenn dies alle Erben der Bank anzeigen.

Es gibt ein altes, aber wahres Sprichwort:

„Haben die Erben schon geteilt? Nein, haben sie noch nicht! Sie waren sich gestern noch einig!"

Die Erfahrung hat gezeigt, dass es besser ist, diese Einigung privatschriftlich festzuhalten. Hierzu bedarf es keiner Form, also auch keiner Zeugen. Darin bestätigt jeder, dass er das bekommen hat, was er bekommen sollte – und alle unterschreiben. Der Verfasser kennt mehr als einen Fall, dass trotz Aufteilung in aller Einigkeit nach Jahren und nach Streit aus anderem Anlass gegenseitige Vorwürfe der Übervorteilung erhoben wurden.

Die Auseinandersetzung des Nachlasses

Halten die Erben einvernehmlich Geld für die Grabpflege unverteilt auf einem Sparbuch zurück, dann sollte schriftlich festgehalten werden,

- dass auf die Dauer von X Jahren keiner der Erben die Auflösung fordern kann,

- wer das Sparbuch verwaltet,

- wie viel etwa jährlich entnommen werden darf, und

- wie der Verwalter Rechenschaft zu legen hat.

Ist Grundbesitz vorhanden und soll die Erbengemeinschaft aufgelöst werden, muss eine notarielle Urkunde errichtet und diese ins Grundbuch eingetragen werden. Dies gilt also z. B.:

- Wenn die Erben den Grundbesitz einem Dritten verkaufen.

- Wenn einer der Erben den Grundbesitz mit oder ohne Herauszahlung übernimmt.

- Wenn einer der Erben ein Grundstück in Erfüllung einer Teilungsanordnung im Testament übernimmt.

- Wenn Grundbesitz zur Erfüllung eines Vermächtnisses an einen Dritten übertragen werden soll. („Meine Haushälterin erhält für ihre hingebungsvolle Tätigkeit während meines Witwenstandes meine Eigentumswohnung X.")

- Wenn die Erben den Grundbesitz zwar ungeteilt lassen, aber der Mutter im Haus auf Lebenszeit ein Wohnungsrecht einräumen wollen – und dies zur Sicherheit im Grundbuch eingetragen werden soll. (In diesem Fall kommen juristisch beschlagene Personen auch ohne Notar aus – und sparen damit viel Geld!)

Die Erben sind sich nicht einig

Allgemein

Jetzt lachen die Rechtsanwälte! Streit unter Erben – oft um belanglose Dinge – ist ein lukratives Geschäft für sie. Das sollten sich alle überlegen; ganz besonders dann, wenn es letztlich nicht um die Erbschaft als solche – also um materielle Werte – geht, sondern „ums Prinzip" gestritten werden soll oder – noch schlimmer – alte Animositäten und früherer Streit jetzt eine vernünftige und sachgemäße Teilung verhindern.

Aus dem BGB ergeben sich nur einige grundsätzliche Angaben für die Teilung:

- Jeder Miterbe kann jederzeit die Teilung des Nachlasses verlangen (§ 2042 BGB), soweit nicht nachstehend eine Einschränkung genannt ist.

- Die Auseinandersetzung (Teilung des Nachlasses) kann nicht verlangt werden, wenn dies vom Verstorbenen im Testament auf Zeit (maximal 30 Jahre) ausgeschlossen wurde, was auch bezüglich eines einzelnen Gegenstandes – z. B. Haus – geschehen kann.

- Ein Miterbe kann verlangen, dass erst geteilt wird, wenn alle Gläubiger des Verstorbenen ermittelt sind – hierzu gibt es im Notfall ein Aufgebotsverfahren – und dass die Verbindlichkeiten vor der Teilung aus dem Nachlass berichtigt werden (§ 2046 BGB).

- Ganz ausnahmsweise darf nicht geteilt werden, wenn ein auf Grund einer Schwangerschaft zu erwartendes Kind im Falle seiner Geburt Miterbe würde, im Falle einer Totgeburt oder Abtreibung aber kein Erbrecht erlangen könnte.

Ansprüche aus der Zeit vor dem Todesfall

Es ist legitim, solche Ansprüche in den Teilungsstreit einzuführen, vorausgesetzt, dass überhaupt ein Anspruch besteht. Oft genug ist dies nicht der Fall. Es werden hier nur die häufigsten Streitpunkte erwähnt:

Vorempfänge: Handelt es sich bei den Kindern um „Abkömmlinge", also Kinder oder Enkel etc., gilt Folgendes:

a. War der Vorempfang eine „Ausstattung", muss er grundsätzlich angerechnet werden, es sei denn, der Verstorbene hat bei der Hingabe die Nichtanrechnung angeordnet[8].

b. Hat der Verstorbene einem der Miterben eine besonders teure Ausbildung ermöglicht, welche angesichts seiner Vermögenslage unverhältnismäßig war (Sohn durfte 20 Semester studieren, Töchter haben nur eine einfache Ausbildung erhalten), muss dies ebenfalls angerechnet werden.

c. Andere Vorempfänge sind anzurechnen, wenn der Verstorbene dies bei der Hingabe bestimmt hatte.

Also zusammengefasst:

Vorempfänge für unverhältnismäßig teure Ausbildung (b) sind immer anzurechnen. Will der Verstorbene dies nicht, muss er ein Testament machen. Die anderen müssen beweisen, dass der Aufwand angesichts der Vermögenslage „unverhältnismäßig" war.

Vorempfänge für Ausstattung (a) sind grundsätzlich anzurechnen, wenn der Verstorbene nicht die Nichtanrechnung bei der Hingabe bestimmt hatte (was der Empfänger im Streit beweisen muss).

---

[8] Unbedingt beachten: Dieser Satz bezieht sich nur auf die Nachlass-Teilung, nicht auf die Berechnung eines Pflichtteilsanspruchs!

Vorempfänge sonstiger Art (c) sind nur anzurechnen, wenn dies der Erblasser bei der Hingabe so bestimmt hatte, was die anderen Miterben beweisen müssen.

Pflegeleistungen: Hat der Verstorbene nur mündliche Versprechungen gemacht, aber kein gültiges Testament, ist die Rechtslage sehr schwierig, zumal wenn es sich um Abkömmlinge handelt, von denen man ohnehin eine kostenlose Fürsorge für Eltern/Großeltern erwarten konnte. Wer also während der Dauer der Pflege nichts bekommen und auch nichts „Schriftliches" in Händen hat, hat regelmäßig schlechte Karten. Allerdings können in einem solchen Streit auch mündliche Erklärungen des Verstorbenen, die durch Zeugen belegt werden, eine Rolle spielen. Jedenfalls ist bei Streit eine Beratung durch einen Rechtsanwalt unverzichtbar.

Sollten aber die Miterben wissen, dass einer der Erben den Verstorbenen gepflegt und somit Dienste übernommen hat, zu denen eigentlich alle moralisch verpflichtet gewesen wären – und ihnen dadurch „ein gutes Gewissen" verschafft hat, dann wäre es mehr als schäbig, diesem Miterben jetzt einen angemessenen Ausgleich zu verweigern.

Anders ist die Sachlage, wenn der Betroffene anlässlich der Pflege auch das Geld des Verstorbenen verwaltet hat und sich hierbei mit dessen Zustimmung regelmäßig etwas für sich entnehmen durfte. Dann ist anzunehmen, dass damit die Pflege abgegolten ist.

Wichtig: Vermeiden Sie einen so hässlichen Streit! Wer von einem Angehörigen gepflegt wird, soll ihm entweder nach schriftlicher Absprache eine Geldzuwendung zu Lebzeiten geben oder aber in einem gültigen Testament bestimmen, welchen „Voraus" er nach dem Tod bei der Teilung zu erhalten hat.

Man könnte z. B. ein so genanntes „Vorausvermächtnis" anordnen.

Die Auseinandersetzung des Nachlasses

Beispiel:

Hiermit setze ich meine vier Kinder, Anna, Berta, Cäsar und Doris zu meinen Erben zu je einem Viertel ein. Meine Tochter Berta erhält im Voraus und ohne Anrechnung auf ihren Erbteil den Bauplatz Fl.St. 100 „am hohen Galgen".

In diesem Fall müssen die vier Kinder zum Notar, um dort der Schwester Berta den Bauplatz zu Alleineigentum zu übertragen (was beim Notar und beim Grundbuchamt Gebühren kostet). Den Rest teilen sie zu vier gleichen Teilen.

Schulden: Hat einer der Miterben beim Verstorbenen Schulden, müssen diese jetzt ausgeglichen werden. Im Streitfall müssen die anderen beweisen, dass die Schulden begründet waren. Der Miterbe muss beweisen, dass die Schulden noch nicht getilgt sind und ihm auch nicht vom Verstorbenen erlassen wurden.

Wie wird geteilt?

In § 86 ff. FGG ist ein Verfahren geregelt, nach welchem das Nachlassgericht bei uneinigen Erben auf Antrag eine Teilung vermitteln kann. Das Verfahren ist nicht nur teuer, sondern auch recht wirkungslos, weil es nur darauf hinausläuft, eine Einigkeit herzustellen – und im Falle des Misslingens ohnehin vor dem Prozessgericht weitergeführt wird. Deshalb hat dieses Verfahren in der Praxis keinerlei Bedeutung erlangt und wird hier auch nicht weiter erklärt.

Der Verstorbene hätte im Testament bestimmen können (§ 2048 BGB), dass ein Dritter die Verteilung „nach billigem Ermessen" bestimmt. Auch diese Vorschrift hat keine Bedeutung erlangt, zumal jeder Miterbe mit der Behauptung, die Bestimmung sei „offenbar unbillig", vor Gericht ziehen kann.

Kommt keinerlei Einigung zustande, muss der gesamte Nachlass verkauft und der Erlös geteilt werden.

Gehört zum Nachlass Grundbesitz (dazu Seite 61), gibt es für die Auseinandersetzung ein streng formal geregeltes Gerichtsverfahren. Abgesehen von dem äußerst seltenen Fall, dass ein Grundstück durch Realteilung in gleichwertige Teile geteilt werden kann, bleibt nur die Zwangsversteigerung zur Aufhebung einer Gemeinschaft, auch „Teilungsversteigerung" genannt. Jeder Miterbe – und sei sein Anteil noch so klein – kann sie verlangen. Kein Miterbe, und sei sein Anteil noch so groß, kann sie auf Dauer verhindern. Kein Miterbe kann gezwungen werden, gegen Geldangebot – und sei es noch so hoch – von der Versteigerung Abstand zu nehmen. Einzelheiten hierzu würden den Rahmen des Buches sprengen[9].

Wichtig: Wer Grundbesitz hat und diesen (durch Testament oder gesetzliche Erbfolge) mehreren Erben zukommen lässt, ohne eine Teilungsanordnung zu treffen, muss damit rechnen, dass der Grundbesitz versteigert wird.

Die Übertragung des Erbanteils

Jeder Miterbe kann seinen Erbteil insgesamt ohne Zustimmung der anderen Miterben auf einen der Miterben oder auf eine dritte Person übertragen, und zwar sowohl verschenken (Achtung Schenkungsteuer) oder auch verkaufen. Soll der Erbteil an einen Fremden gehen, haben die Miterben ein Vorkaufsrecht. Einzelheiten weiß der Notar, denn dieser Verkauf muss von einem Notar beurkundet werden, auch wenn kein Grundbesitz zum Nachlass gehört.

Übertragen bzw. verkaufen kann man nur seinen Anteil am Nachlass insgesamt, nicht aber den Anteil an einem einzelnen Gegenstand, auch nicht den Anteil an einem Grundstück. Das erfordert vorherige Auseinandersersetzung.

---

[9] Im 9. Kapitel des Buches „Immobilien günstig ersteigern" (Mayer), Walhalla Fachverlag, 6. Auflage 9,95 EUR, ist mit Mustern erklärt, wie man einen solchen Antrag selbst stellen kann und wie man wenigstens versuchen kann, das Versteigerungsverfahren zu verzögern.

Der Zugewinnausgleich

Das Prinzip

Die nachfolgenden Regelungen kommen nur in Betracht für Ehegatten[10], die im gesetzlichen Güterstand der Zugewinngemeinschaft leben, also für ihre Ehe keinen notariellen Gütervertrag (Gütergemeinschaft, Gütertrennung) geschlossen haben. Der Gesetzgeber geht davon aus, dass grundsätzlich alles, was während der Ehe erworben wurde, zwar demjenigen gehört, der es erworben hat, jedoch nach Beendigung der Ehe ein Ausgleich des Zugewinnes erfolgen muss. Dies sei an einem vereinfachten[11] Beispiel dargestellt:

Beispiel:

Beide Ehegatten gehen mit leeren Händen in die Ehe. Nach vielen Jahren fleißigen Sparens ergeben sich folgende Zahlen: Auf dem Sparkonto des Ehemannes stehen 30 000,– EUR, auf jenem der Ehefrau 20 000,– EUR. Nun erfolgt die Scheidung. Der Ehemann hat 10 000,– EUR mehr „hinzugewonnen" als die Ehefrau; also muss er ihr die Hälfte, somit 5 000,– EUR abgeben.

Variation: Die Ehefrau brachte 20 000,– EUR in die Ehe ein, der Ehemann nichts. Bei Scheidung der Ehe hat die Ehefrau 100 000,– EUR, der Ehemann immer noch nichts. Nun ergibt sich: Von den 100 000,– EUR der Frau sind nur 80 000,– EUR während der Ehe hinzugewonnen; 20 000,– EUR waren ja schon da. Also erhält der Ehemann die Hälfte des Zugewinnes, somit 40 000,– EUR.

Zugewinnausgleich im Todesfall

Um mühsame Berechnungen und dauernden Streit zu vermeiden, sieht das BGB für den Todesfall eine pauschale Abfindung des Anspruchs auf Ausgleich des Zugewinnes vor. Der überlebende Ehegatte – der nach dem „alten" BGB nur 1/4 neben Kindern und nur 1/2

---

[10] Ähnliches gilt für gleichgeschlechtliche Partner.
[11] Vereinfacht deshalb, weil Zugewinne durch Erbschaft und Schenkung nicht beachtet wurden.

neben sonstigen Verwandten erben würde – erhält auf diese Quote einen Zuschlag von 1/4 des Nachlasses, somit neben Kindern 1/2 und neben anderen Verwandten 3/4 des Nachlasses. Dies gilt ohne Rücksicht darauf, ob überhaupt ein Zugewinn erzielt worden ist und sogar dann, wenn der Überlebende eigentlich dem Verstorbenen einen Ausgleich schulden würde. Die anderen Erben können diese gesetzliche Regelung nicht anfechten. Somit findet im Normalfall kein rechnerischer Zugewinnausgleich statt, wenn die Ehe durch den Tod eines der Partner aufgelöst und der andere Partner Erbe wird.

Taktische Ausschlagung

Der vorgenannte Zugewinnausgleich durch Erhöhung der Erbquote tritt nur ein, wenn der überlebende Ehegatte „Erbe" geworden ist. Er kann also die Erbschaft ausschlagen (dazu Seite 106) und stattdessen den rechnerischen Zugewinnausgleich fordern. Ganz ausnahmsweise – weil dies im Gesetz ausdrücklich bestimmt ist – kann er daneben auch noch den „kleinen Pflichtteil" fordern, also die Hälfte von 1/4 = 1/8 neben Kindern und die Hälfte von 1/2 = 1/4 neben sonstigen Verwandten.

Dies kann folgende Vorteile haben:

a. Es ergibt einen rechnerisch höheren Geldbetrag (siehe Seite 86).

b. Falls Kinder aus einer früheren Ehe des Verstorbenen noch unterhaltsbedürftig sind, muss der Überlebende aus dem vorgenannten zusätzlichen 1/4 beim gesetzlichen Ausgleich diesen Kindern Unterhalt zahlen, was er nach Ausschlagung nicht muss.

c. Gelegentlich wird betont, dass er dann auch für die Schulden des Verstorbenen nicht haften würde. Formal ist das richtig, aber sinnlos. Denn diese Schulden werden am Zugewinn abgezogen und mindern damit den Zugewinn. Die Ausgleichsforderung ist selbst eine Nachlassverbindlichkeit und „fällt unter den Tisch", wenn der Nachlass des Verstorbenen überschuldet ist.

Die Auseinandersetzung des Nachlasses

Aber diese taktische Ausschlagung hat einen schwerwiegenden Nachteil, der regelmäßig dazu führt, dass man diesen Weg nicht gehen soll. Man tauscht nämlich um eines kleinen rechnerischen Vorteils willen gesichertes dingliches Recht gegen ungesicherte persönliche Forderungen. Was das bedeutet, sei an nachstehendem Beispiel (zur Warnung) erklärt:

Beispiel:

Vor einiger Zeit stand in einer großen Tageszeitung ein Beitrag eines Institutes, das sich rühmt, in Erbrechtsfragen guten Rat erteilen zu können:

Ein Arzt lässt sich scheiden und fängt vermögensrechtlich infolge dieser Scheidung wieder bei Null an. Er heiratet eine Krankenschwester, die ebenfalls nichts mitbringt und auch nicht berufstätig bleibt, somit nichts hinzuerwirbt. Sie leben im gesetzlichen Güterstand und haben keine Kinder. Der Arzt hat riesige Einnahmen und ist bei seinem Tod Alleineigentümer eines Mietshauses im Wert von 1 000 000,– EUR. Er hinterlässt einen Sohn aus erster Ehe, aber kein Testament.

Nun wären also Witwe und erstehelicher Sohn Erben je zur Hälfte, was also für beide einen rechnerischen Wert des Erbanteils von 500 000,– EUR bedeutet.

Jetzt schlägt das Institut folgende Rechnung vor:

Die Ehefrau soll die Erbschaft ausschlagen. Dann hat sie einen Anspruch auf Zugewinnausgleich in Höhe von 500 000,– EUR und außerdem noch den „kleinen Pflichtteil" in Höhe von $1/8$ aus 500 000,– EUR, also 62 500,– EUR, insgesamt also 562 500,– EUR.

Diesem „Ratschlag" setzt der Verfasser Folgendes entgegen:

Die vorgenannte Rechnung geht nur auf, wenn beide einig sind – aber dann brauchen sie (siehe Seite 76) keine gesetzlichen Regeln, weil sie machen können, was sie wollen. Gesetze beweisen ihren

Wert nicht bei Einigkeit, sondern bei Streit. Und der Verfasser geht davon aus, dass Uneinigkeit zwischen dem Sohn aus der ersten Ehe und der Frau, die evtl. seine Mutter aus der Ehe gedrängt hat, eher wahrscheinlich ist als herzliche Verbundenheit. Wie also entwickelt sich die Sache im Streitfall?

Die Witwe belässt es bei der gesetzlichen Regelung:

Nunmehr ist sie Miteigentümerin des Hauses. Sie kann auf die Verwaltung Einfluss nehmen und ist an den Erträgen beteiligt. Sie kann jederzeit beim Amtsgericht die Versteigerung des Hauses verlangen und der Sohn kann dies allenfalls verzögern, aber nicht verhindern. Der Antrag kostet weniger als 60,– EUR. Das erforderliche Gutachten wird vom Gericht eingeholt. Zwar muss die Frau hierfür einen Vorschuss zahlen, aber der Gutachter erhält seine Vergütung nach engen Regeln vom Gericht – und das ist viel weniger, als ein Privatgutachten kosten würde.

Wird das Grundstück versteigert, erhält die Frau die Hälfte des Erlöses nach Abzug der Kosten des Gerichts. Somit werden die Gutachterkosten dem Erlös entnommen und die Frau erhält jetzt ihren Vorschuss zurück. Stimmt der Sohn der Teilung je zur Hälfte nicht zu, bleibt das ganze Geld in Verwahrung des Gerichts, bis der Prozess „Frau gegen Sohn" beendet ist, wobei das gerichtlich verwahrte Geld auch für die vom Sohn evtl. zu erstattenden Gerichtskosten herangezogen werden kann, wenn der Anwalt der Frau klug agiert.

Die Witwe wählt die „taktische Ausschlagung":

Nunmehr ist der Sohn Alleineigentümer des Hauses. An den Erträgen und der Verwaltung hat die Frau keinen Anteil. Um ihre Forderung gegen den Sohn zu beziffern, muss sie ein privates Gutachten einholen. Der Sohn erklärt dies für überhöht und bezahlt einfach nicht. Nun muss die Frau einen Anwalt einschalten und Klage beim Landgericht gegen den Sohn erheben. Das Landgericht wird evtl. ein Obergutachten einholen und dann – wenn sie Glück hat – den Sohn zu den (hier) verlangten 562 500,– EUR verurteilen. Der Sohn legt Berufung zum OLG ein. Dort wird erneut verhandelt und – wenn sie Glück hat – die Berufung abgelehnt. Theoretisch käme noch Revision zum BGH in Betracht. Aber allein bis zum OLG hat die Frau ca. drei Jahre auf das Urteil gewartet und ca. 20 000,– EUR Kosten bezahlt. Was hat sie jetzt? Ein Urteil, aber kein Geld. Inzwischen hat der Sohn das Haus verkauft und sich mit dem Erlös ins Ausland abgesetzt. Anschrift unbekannt. Sie kann sich das Urteil „übers Bett hängen". Und außerdem zahlt sie (als Klägerin) die Gerichtskosten der ersten Instanz und natürlich die Kosten ihres eigenen Anwalts, auch wenn der Sohn in diese Kosten verurteilt wurde.

Wichtig: Wer immer die „taktische Ausschlagung" wählt, soll sich darüber im Klaren sein, dass er reales Miteigentum gegen windige Forderungen eintauscht, auch wenn diese rechnerisch höher sind.

Praxis-Tipp:

- Erben, die sich einig sind, können nahezu alles machen; evtl. sogar vom erklärten Willen des Verstorbenen abweichen.

- Erben, die sich nicht einig sind, werden beim Nachlassgericht kaum wirkliche Hilfe finden können. Sie brauchen regelmäßig einen Anwalt und einen Zivilprozess. Am Ende haben Anwalt und Gericht den größten Teil des Nachlasses.

- Wer nur aus Streitsucht oder Egoismus sich einer vernünftigen Einigung widersetzt, handelt nicht nur wirtschaftlich unklug, sondern gegenüber den anderen gewissenlos.

- Können sich die Erben über Grundbesitz nicht einigen, dann landet die Sache über kurz oder lang beim Rechtspfleger des Amtsgerichts, Abteilung Zwangsversteigerung.

- Man kann seinen Anteil am Nachlass insgesamt verkaufen oder verschenken, aber nur beim Notar. Den Erbanteil an einem einzelnen Gegenstand (auch an einem Grundstück) kann man vor der Auseinandersetzung nicht veräußern.

- Zugewinnausgleich erfolgt im Normalfall über die Erbquote. Wer einen anderen Weg wählt, muss sich sehr eingehend beraten lassen.

Der Pflichtteil

6

Wer hat ein Pflichtteilsrecht?

Angehörige

Als Pflichtteilsberechtigte kommen folgende Angehörige in Betracht (§ 2203 BGB):

- Der überlebende Ehegatte bzw. der eingetragene gleichgeschlechtliche Lebenspartner, nicht aber der Lebensgefährte.

- Die Abkömmlinge, also Kinder oder Enkel/Urenkel.

- Die Eltern.

Grundsätzlich kein Pflichtteilsrecht haben also Geschwister und ihre Abkömmlinge (Neffen, Nichten) und Großeltern.

Gesetzliches Erbrecht

Das Pflichtteilsrecht ersetzt ein an sich vorhandenes gesetzliches Erbrecht, welches dem Berechtigten durch eine letztwillige Verfügung des Verstorbenen entzogen worden ist. Es ist daher stets zuerst die Frage zu stellen, wer gesetzlicher Erbe geworden wäre, wenn kein Testament vorhanden gewesen wäre.

Daraus ergibt sich:

- Ehegatten kommen nach Scheidung der Ehe nicht mehr als gesetzliche Erben in Betracht, auch dann nicht, wenn zum Todeszeitpunkt die Voraussetzungen für eine Ehescheidung vorgelegen haben und der Verstorbene die Scheidung beantragt oder ihr zugestimmt hatte (§ 1933 BGB). Somit hat in diesem Fall der Überlebende auch kein Pflichtteilsrecht.

- Enkel haben kein Pflichtteilsrecht, wenn der mit dem Verstorbenen verwandte Elternteil noch lebt und somit Erbe wird, da sie ja nicht zur gesetzlichen Erbfolge berufen sind.

- Eltern können kein Pflichtteilsrecht haben, wenn Abkömmlinge (Kinder/Enkel) vorhanden sind, da sie neben diesen nicht zur gesetzlichen Erbfolge berufen wären (§ 2309 BGB).

Verzicht

Gesetzliche Erben können zu Lebzeiten durch einen notariellen Vertrag mit dem Erblasser auf ihr gesetzliches Erb- und Pflichtteilsrecht verzichten (§ 2346 ff. BGB) – und dies auch für ihre Abkömmlinge. Stirbt dann der Erblasser, gilt der Verzichtende (gegebenenfalls auch seine Abkömmlinge) als „nicht vorhanden". Sie rechnen bei der Berechnung der Erbquoten der anderen nicht mit und haben natürlich auch kein Pflichtteilsrecht. Ein solcher Verzicht wird in der Praxis meist nur zusammen mit einem wertvollen Geschenk oder einer Geldabfindung unter Lebenden vereinbart.

Dieser Verzicht darf nicht verwechselt werden mit dem Verzicht auf die Geltendmachung eines an sich vorhandenen Pflichtteilsrechtes (dazu Seite 97).

Ausschlagung

Wer die ihm angefallene Erbschaft nach der gesetzlichen Erbfolge ausschlägt, hat auch kein Pflichtteilsrecht. Hiervon gibt es aber eine wichtige Ausnahme für Ehegatten im gesetzlichen Güterstand, die ganz ausnahmsweise einen güterrechtlichen Ausgleich anstreben. Dazu Seite 85.

Schwierig ist der Fall, wenn ein Testament vorhanden ist, das aber den Begünstigten insgesamt weniger zuwenden würde als ihren Pflichtteil. In diesem Fall ist rechtliche Beratung unverzichtbar, weshalb nur schlagwortartig die Möglichkeiten aufgezeigt werden:

- Wer laut Testament einen Bruchteil als Erbteil erhält, der rechnerisch geringer ist als die Hälfte des gesetzlichen Erbteils, kann Ergänzung in Geld bis zur Höhe des Pflichtteils fordern, auch wenn er die Erbschaft annimmt (§ 2305 BGB).

Beispiel: Der verwitwete Erblasser hat eine Tochter und einen Sohn. Der Nachlass beträgt 120 000,– EUR. Im Testament hat der Vater die

Tochter zu $7/8$ und dem Sohn nur zu $1/8$ als Erbe eingesetzt. Der Erbteil des Sohnes hätte $1/2$ betragen; sein Pflichtteil (siehe unten) also $1/4$. Die Differenz beträgt $1/8$ und das sind in Geld 15 000,– EUR, welche der Sohn zusätzlich zum Erbteil verlangen kann.

- Wer mit einem Vermächtnis „abgespeist" werden soll, kann das Vermächtnis ausschlagen und den Pflichtteil verlangen (§ 2307 BGB).

- Wer zwar als Erbe eingesetzt, aber mit Belastungen[12] beschwert ist, kann je nach Sachlage im Einzelfall (Beratung unverzichtbar) entweder die Belastung ablehnen oder die Erbschaft ausschlagen und den Pflichtteil verlangen (§ 2306 BGB).

Die Höhe des Pflichtteils

Allgemein

Die Pflichtteilsquote beträgt die Hälfte des gesetzlichen Erbteils (§ 2303 BGB).

Beispiel:

Der verwitwete Vater hatte fünf Kinder, Anton, Bruno, Cäcilie, Doris und Emil. Er hat vor 15 Jahren Emil einen Bauplatz geschenkt, weshalb dieser (in der notariellen Urkunde) für sich und seine Abkömmlinge auf sein Erb- und Pflichtteilsrecht verzichtet hat. Doris ist bereits verstorben und hinterlässt ihren Ehemann Heinrich und die Kinder Fritz und Gerhard. Anton, Bruno und Cäcilie haben je zwei Kinder.

In seinem Testament hat der Vater seine Lebensgefährtin zur Alleinerbin eingesetzt.

---

[12] Solche Belastungen sind z. B. Vermächtnisse, Auflagen, Nacherbe, Testamentsvollstrecker, Teilungsanordnung.

Somit gilt jetzt:

- Emil zählt nicht mehr mit. Er und seine Kinder werden so behandelt, als hätte es sie nie gegeben.

- Anton, Bruno und Cäcilie hätten somit ohne Testament je $1/4$ geerbt; ihre Pflichtteilsquote beträgt daher je $1/8$ des Nachlasses.

- Die Kinder Fritz und Gerhard treten an die Stelle ihrer verstorbenen Mutter. Diese hätte $1/4$ geerbt, somit hätte ohne Testament jedes der Enkel $1/8$ erhalten. Ihre Pflichtteilsquote beträgt daher je $1/16$. Heinrich (Schwiegersohn) wäre nicht gesetzlicher Erbe geworden und hat demnach auch kein Pflichtteilsrecht.

Ehegatten-Pflichtteil

Um diese wichtige Ausnahme zu verstehen, bitte nochmals Seite 84 lesen. Der gesetzliche Erbteil eines Ehegatten im gesetzlichen Güterstand setzt sich aus zwei Komponenten zusammen, nämlich

- dem eigentlichen Erbteil, welcher neben Kindern (nur) $1/4$ und neben anderen Verwandten (nur) $1/2$ beträgt;

- dem pauschalen Zugewinnausgleich, der $1/4$ beträgt und somit den Erbteil des Ehegatten neben Kindern von $1/4$ auf $1/2$ und neben sonstigen Verwandten von $1/2$ auf $3/4$ erhöht.

Wird nun der Ehegatte – auf Grund eines Testamentes – nicht Erbe oder Miterbe, ist damit der pauschale Zugewinnausgleich gescheitert. Deshalb erhält der Ehegatte auch seinen Pflichtteil nur aus dem ursprünglichen Erbteil (= kleiner Pflichtteil), somit

- neben Kindern = Pflichtteilsquote $1/8$,

- neben sonstigen Verwandten = Pflichtteilsquote $1/4$.

Daneben hat er – so vorhanden – einen Anspruch auf Zugewinnausgleich (Seite 84).

Anderes gilt, wenn der Ehegatte zwar als Erbe eingesetzt ist, aber auf eine geringere als die gesetzliche Quote. Dann erfolgt der Ausgleich nach dem „großen Pflichtteil".

Der Pflichtteilsanspruch

Wesen

Der Pflichtteilsanspruch ist ein Anspruch in Geld gegen die Erben. Somit wird der Pflichtteilsberechtigte nicht Miteigentümer des Nachlasses und hat keinerlei Mitspracherecht bei der Verwaltung und der Teilung des Nachlasses. Dieser Umstand ist von ganz besonderer Wichtigkeit, wenn Grundbesitz vorhanden ist.

Beispiel:

Der verwitwete Vater hat zwei Söhne, Anton und Bruno. Mit Anton lebt er im herzlichen Einvernehmen, mit Bruno hat er bitteren Streit. Er hinterlässt (nur) ein Haus und in seinem Ärger über Bruno macht er folgendes Testament (weil er einmal etwas vom „Pflichtteil" gelesen hatte):

„Hiermit setze ich meinen Sohn Anton zu $3/4$ und meinen Sohn Bruno zu $1/4$ als meine Erben ein."

Folge: Bruno ist Miteigentümer, wenn auch nur zu einer geringen Quote. Er kann deshalb die Versteigerung des Hauses verlangen und Anton kann dies nicht verhindern, auch wenn er Bruno noch so viel Geld für seinen Anteil bietet.[13]

Variation: Das Testament lautet:

„Hiermit setze ich meinen Sohn Anton zum Alleinerben ein."

Folge: Bruno hat zwar einen Pflichtteilsanspruch in Höhe von $1/4$, aber keinen Anteil am Haus. Das Haus wird geschätzt und Bruno erhält von Anton $1/4$ des Wertes in Geld. Die Versteigerung kann er nicht verlangen.

---

[13] Dazu das 9. Kapitel im Buch „Immobilien günstig ersteigern" (Mayer), Walhalla Fachverlag.

Geltendmachung bei Einigung

Der Pflichtteilsberechtigte muss seinen Anspruch gegen den/die Erben geltend machen. Von Gerichts wegen geschieht nichts. Die Erben sind verpflichtet, dem Pflichtteilsberechtigten über die Höhe des Nachlasses Auskunft zu erteilen.

Falls Erbe und Pflichtteilsberechtigter noch einigermaßen bei Verstand sind und den möglicherweise vorhandenen Streit zurückstellen, einigen sie sich.

- Der Erbe gibt eine zutreffende und vollständige Auskunft über den Bestand des Nachlasses und über evtl. früher vorgenommene Schenkungen des Verstorbenen;

- Beide Parteien einigen sich über den Anschlagswert der Gegenstände. Sie sind im Falle einer solchen Einigung nicht verpflichtet, den Grundbesitz schätzen zu lassen. Anderenfalls sollten sie sich wie folgt festlegen:

- Wer trägt die Kosten des Gutachters (normalerweise der Erbe)?

- Welchen Gutachter beauftragen wir gemeinsam (das ist wichtig, weil der Gutachter nur dem Auftraggeber für die Qualität des Gutachtens haftet!)?

- Das Gutachten sehen wir als verbindlich an.

- Der sich ergebende Geldbetrag des Pflichtteils wird – wann? – bezahlt.

Im Falle einer Einigung ist es den Beteiligten natürlich nicht verwehrt, dem Pflichtteilsberechtigten in Anrechnung auf seinen Pflichtteil auch Sachwerte zu übereignen.

Geltendmachung bei Streit

Eine gerichtliche Vermittlung findet nicht statt. Mangels Einigung muss prozessiert werden.

Der Pflichtteil

Somit brauchen beide Parteien im Normalfall einen Rechtsanwalt – und der kostet natürlich viel Geld. Die Erfahrung zeigt, dass es am Schluss so gut wie nie einen eindeutigen Gewinner und einen eindeutigen Verlierer gibt und somit die Kosten meist geteilt werden müssen.

Das Formblatt „Vermögensverzeichnis", das der Erbe dem Nachlassgericht eingereicht hat (dazu Seite 67), ist für die Berechnung unverbindlich. Gleiches gilt für die Festsetzung des Finanzamtes zum Zwecke der Berechnung der Erbschaftsteuer.

Vorempfänge

Der Pflichtteilsberechtigte kann unter Umständen verlangen, dass Schenkungen, welche der Verstorbene innerhalb von zehn Jahren vor seinem Tod vorgenommen hat, in die Berechnung des Pflichtteils einbezogen werden (§ 2325 BGB), und dabei kann er auch einen Anspruch gegen einen Beschenkten haben, der selbst nicht Erbe geworden ist.

Die Rechtslage ist außerordentlich schwierig. Schon die Festlegung des Fristbeginns ist je nach Einzelfall umstritten. Falls hier keine Einigung zustande kommt, ist rechtliche Beratung unverzichtbar, weshalb von einer Darstellung dieser Fragen abgesehen wird[14]. Auf Seite 97 wird aber an Hand eines Rechenbeispiels das Prinzip dargestellt.

Verjährung

Der Pflichtteilsanspruch verjährt grundsätzlich in drei Jahren. Die Frist beginnt mit der sicheren Kenntnis vom Testament, durch welches der Pflichtteilsberechtigte von der gesetzlichen Erbfolge ausgeschlossen ist, frühestens mit dem Tod des Erblassers. Die Frist muss durch Einreichung einer Klageschrift gewahrt werden; ein einfacher Brief reicht nicht aus.

---

[14] Wer sich informieren will, bevor er eine Schenkung vornimmt, findet Grundsätze im Buch „Soll ich mein Haus übertragen?" (Mayer), Walhalla Fachverlag.

Eltern – Kinder

Der Normalfall

Sehr häufig setzen sich Ehegatten gegenseitig als Erben ein und verweisen damit ihre Kinder auf das Erbe nach dem Tod des Längstlebenden. Da aber die Kinder bereits beim Tod des Erstversterbenden ein Pflichtteilsrecht haben, handelt es sich hierbei um den in der Praxis häufigsten Fall einer solchen Berechtigung. Nun ist es – zumindest nach den immer noch vorhandenen „gutbürgerlichen" Vorstellungen – unanständig, dass Kinder in einem solchen Fall von Vater oder Mutter den Pflichtteil einfordern. Wollen die Kinder von den Eltern den Pflichtteil nicht verlangen, so bedarf es keiner besonderen Form. Schweigen genügt.

Sonderfälle

Dies kann in besonderen Situationen aber anders sein, wenn z. B. eines der Kinder von den Eltern ein wertvolles Geschenk erhalten hat, während die anderen leer ausgegangen sind und auch kein Ausgleich nach dem Tod des Längstlebenden vorgesehen oder auf Grund der Vermögenslage noch möglich ist.

Beispiel:

Die Eheleute haben drei Kinder, Anton, Berta und Doris. Sie haben vor fünf Jahren ihrem Sohn Anton ihr Haus im Wert von 180 000,– EUR übertragen, was praktisch das ganze Vermögen darstellte. Beim Tod des Vaters ist noch ein gemeinsames Vermögen von 12 000,– EUR übrig. Er hat seine Frau als Alleinerbin eingesetzt. Unternehmen die Tochter nichts, so

- verjährt ihr Pflichtteilsanspruch in drei Jahren (und damit die Möglichkeit, die Hälfte der Schenkung auszugleichen) und

- verfällt auch noch der Ausgleichsanspruch bezüglich der anderen Hälfte, wenn die Mutter noch länger als fünf Jahre lebt;

- können sie beim Tod der Mutter auf keinen Ausgleich hoffen, selbst wenn die 12 000,– EUR noch vorhanden sind, denn sie erben dann nur 4 000,– EUR pro Tochter. Und selbst wenn die Mutter – um Ausgleich bemüht – den Sohn enterbt, bleiben ihnen nur 6 000,– EUR minus Pflichtteil des Sohnes (2 000,– EUR insgesamt), also 5 000,– EUR pro Tochter.

Verlangen sie aber nach dem Tod des Vaters den Pflichtteil, so ergibt sich folgende Rechnung, wenn man unterstellt, dass das Haus beiden Eltern gemeinsam gehört hatte:

Erbe nach dem Vater wäre die Mutter zu $1/2$ und die Kinder zu je $1/6$. Jede Tochter hat also einen Pflichtteilsanspruch von $1/12$. Die Hälfte des Geschenks ist bei der Berechnung dem Nachlass ($1/2$ von 12 000,– EUR) zuzurechnen, so dass sich ergibt:

Nachlass-Wert 6 000,– EUR = Anteil des Vaters am gemeinsamen Vermögen

Vorempfang 90 000,– EUR = Hälfte des Vaters

Rechenbasis 96 000,– EUR

ergibt einen Pflichtteil von je 8 000,– EUR. Da die Mutter einen eigenen Pflichtteilsanspruch von 3 000,– EUR hätte und somit nur 3 000,– EUR hergeben muss, hat sich der Sohn mit 13 000,– EUR an dem Pflichtteil der Töchter zu beteiligen. Bleibt es beim Tod der Mutter bei der gesetzlichen Erbfolge, erben die Töchter von restlichen 9 000,– EUR je $1/3$ also nochmals 3 000,– EUR und haben somit insgesamt 11 000,– EUR statt 4 000,– EUR oder maximal 5 000,– EUR, die sie beim Tod der Mutter sonst erhalten hätten. Und wenn die Mutter innerhalb von zehn Jahren seit der Haus-Übertragung stirbt, können sie gegen den Bruder nochmals einen Anspruch geltend machen.

Selbst wenn die Mutter aus Verärgerung nun den Sohn als Alleinerben einsetzt, haben die Töchter insgesamt mehr, als sie ohne das Pflichtteilsverlangen hätten. Denn sie haben dann ja auch bezüglich des Nachlasses der Mutter ein Pflichtteilsrecht.

Pflichtteil und gemeinschaftliches Testament

Setzen sich Ehegatten gegenseitig als Alleinerben ein, haben somit die Kinder ein Pflichtteilsrecht, dass sie anständigerweise im Normalfall nicht ausüben. Verlangt nun aber ein Kind ohne Grund und gegen diese Anstandsregel den Pflichtteil, bringt es den Überlebenden in die Verlegenheit, im eigenen Testament dieses Kind enterben zu müssen, damit es nicht insgesamt mehr erhält als die „anständigen" Kinder. Oder aber, der Überlebende muss allen Kindern Geld in Höhe des Pflichtteils geben, was häufig an finanziellen Schwierigkeiten scheitert.

Beispiel:

Die Eheleute haben sich gegenseitig zu Alleinerben eingesetzt. Sie haben drei Kinder, Anton, Bruno und Doris. Der Vater hinterlässt einen Nachlass im Werte von 180 000,– EUR, die Mutter hat kein eigenes Vermögen. Nun verlangt Anton von der Mutter den Pflichtteil und erhält $1/12$ des Nachlasses in Geld, also 15 000,– EUR. Dann stirbt die Mutter und hinterlässt jetzt noch die restlichen 165 000,– EUR, von denen jedes Kind $1/3$ = 55 000,– EUR erbt. Der „böse" Anton hat also mehr als die „guten" Kinder Bruno und Doris, nämlich:

Anton: 15 000,– EUR + 55 000,– EUR = 70 000,– EUR.

Bruno und Doris je 55 000,– EUR.

Natürlich könnte die Mutter den beiden auch freiwillig je 15 000,– EUR geben und damit einen Ausgleich schaffen, aber das wird oft am nicht vorhandenen Geld scheitern, wenn der Nachlass aus Sachwerten besteht.

Was macht also die Mutter? Ein Testament, und sie setzt Bruno und Doris zu Erben je zur Hälfte ein. Jetzt ergibt sich bei einem Rest-Nachlass von 165 000,– EUR ein Erbteil für beide von je 82 500,– EUR minus Pflichtteil des Anton ($1/6$ von 165 000,– EUR

> = 27 500,– EUR geteilt durch 2 = 13 750,– EUR) und nun haben endgültig
>
> Anton: 15 000,– EUR + 27 500,– EUR = 42 500,– EUR und
>
> Bruno und Doris je 82 500,– EUR minus 13 750,– EUR = 68 750,– EUR.

Haben sich die Eltern im gemeinschaftlichen Testament Bindungswirkung für den Todesfall des Längstlebenden auferlegt (dazu Seite 15), kann das Probleme aufwerfen. Deshalb ist es üblich, in einem solchen Testament den Satz anzufügen:

Sollte eines unserer Kinder beim Tod des Erstversterbenden den Pflichtteil verlangen, so erhält es auch beim Tod des Längstlebenden nur den Pflichtteil.

Und jetzt ergibt sich ein formelles Problem:

Beim Tod des Erstversterbenden eröffnet und verkündet das Nachlassgericht nur die Verfügung für den Tod des Erstversterbenden, nicht aber jene für den Tod des Längstlebenden. Die Kinder haben also keine Möglichkeit, von sich aus zu erfahren, ob sie mit einer Enterbung rechnen müssen, wenn sie beim Tod des Erstversterbenden den Pflichtteil verlangen. Nach der hier vertretenen Auffassung muss das Nachlassgericht dies auf Verlangen des überlebenden Ehegatten den Kindern sagen. Wenn also eines der Kinder den Pflichtteil verlangt, soll der Überlebende mit ihm zum Nachlassgericht gehen, um ihn über die Folgen des Verlangens aufzuklären.

„Taktische" Pflichtteilsforderung

In besonderen Situationen wird aus steuerlichen Gründen einvernehmlich der Pflichtteil gefordert. Dazu mehr auf Seite 130.

Praxis-Tipp:

- Als Pflichtteilsberechtigte können in Betracht kommen:
    - Ehegatten/Lebenspartner
    - Kinder/Enkel
    - Eltern.

- Voraussetzung ist, dass sie durch eine letztwillige Verfügung von der Erbfolge ausgeschlossen sind. Wer auch ohne eine solche nichts geerbt hätte, hat auch kein Pflichtteilsrecht.

- Einen Pflichtteil muss man ausdrücklich verlangen; von Gerichts wegen geschieht nichts. Es gilt als unanständig, von Vater oder Mutter den Pflichtteil zu verlangen, wenn keine besonderen Gründe hierfür vorliegen.

- Der Anspruch verjährt in drei Jahren.

- Wird der Pflichtteil verlangt, ist der Erbe auskunftspflichtig über den Bestand des Nachlasses. Der Pflichtteilsberechtigte hat aber nur Anspruch auf Geld, nicht auf Gegenstände aus dem Nachlass.

- Wer vom Verstorbenen beschenkt wurde, muss damit rechnen, an der Pflichtteilslast beteiligt zu werden, falls die Schenkung innerhalb von zehn Jahren vor dem Tod erfolgt ist. Dies gilt nicht nur für Familienangehörige, sondern auch für Fremde (Lebensgefährtin des Vaters) und Institutionen (Kirche).

Schulden erben

7

Der Grundsatz

Haftung für die Schulden

Beim Tod des Erblassers geht sein gesamtes Vermögen mit „Aktiva und Passiva" auf den Erben über (§ 1922 BGB). Das heißt also, er wird zwar Eigentümer des gesamten Aktivvermögens, aber auch Schuldner der Verbindlichkeiten, welche der Verstorbene hinterlassen hat (§ 1967 BGB). Gleiches gilt natürlich, wenn mehrere Personen gemeinsam Erbe werden. Das vorhandene Vermögen gehört ihnen dann in Erbengemeinschaft (§ 2032 BGB); untereinander im Innenverhältnis je nach Sachlage im Einzelfall zu gleichen oder ungleichen Anteilen.

Leider gilt das auch für die Schulden. Im Normalfall wird der Wert des Nachlasses höher sein als die Schulden. Dann ergibt sich kaum ein Problem, da vor der Teilung – dazu Seite 76 – die Schulden mit den Mitteln des Nachlasses beglichen werden.

Sind aber die Schulden höher als der Nachlass, so haftet der Erbe auch mit seinem persönlichen Vermögen für die Schulden. Mehrere Erben haften im Außenverhältnis als Gesamtschuldner (§ 421 BGB). Dies bedeutet, dass ein Gläubiger des Verstorbenen von jedem Miterben (jedoch natürlich insgesamt nur einmal) ohne Rücksicht auf die Höhe seiner Beteiligung die ganze Schuld einfordern kann und dieser so in Anspruch genommene Miterbe darauf angewiesen ist, von den anderen Miterben nach der Höhe ihrer Erbteile Ersatz zu verlangen.

Die Rechte der Gläubiger

Haben die Gläubiger bereits einen Vollstreckungstitel gegen den Verstorbenen, müssen sie gegen die Erben nicht noch einmal gerichtlich vorgehen. In der Praxis verschaffen sich die Gläubiger gegen ihre Schuldner einen solchen Vollstreckungstitel, indem sie zunächst beim Gericht einen Mahnbescheid (vor Jahren noch Zahlungsbefehl genannt) erwirken und dann – falls der Betroffene hiergegen keinen Widerspruch einlegt – diesen Mahnbescheid vollstreckbar ausfertigen lassen (Vollstreckungsbescheid). Legt der Betroffene auch hiergegen keinen Einspruch ein, wird die Angelegenheit rechtskräftig. Gleiches gilt natürlich auch, wenn ein Prozess stattgefunden hat und der Schuldner zur Zahlung verurteilt worden ist[15].

Nunmehr kann der Gläubiger gegen seinen Schuldner vollstrecken, also z. B.

- einen Gerichtsvollzieher mit einer Pfändung beauftragen;

- beim Amtsgericht den Lohn oder die Rente des Schuldners pfänden lassen;

- beim Amtsgericht die Versteigerung des Grundbesitzes beantragen.

Hat der Gläubiger einen solchen Titel und hat er bereits gegen den Verstorbenen vollstreckt, ohne dass er seine gesamte Forderung erhalten hätte, kann er jetzt ohne Rücksicht auf die Erben in die vorhandenen Nachlassgegenstände weiter vollstrecken. Um aber in das private Vermögen des/der Erben vollstrecken zu können, benötigt er eine Vollstreckungsklausel gegen diese. Eine solche Klausel erhält er beim Gericht, wenn die Erben die Erbschaft angenommen haben (dazu Seite 108), wobei er sich sogar selbst einen Erbschein beschaffen kann. Kann der Gläubiger nachweisen, dass die Erbschaft angenommen wurde, werden die Erben vor der Erteilung einer solchen Klausel meist nicht mehr gehört. Sie muss ihnen aber zugestellt werden, bevor der Gerichtsvollzieher auftreten darf.

Finden also die Erben im Nachlass Unterlagen, die vermuten lassen, dass gegen den Verstorbenen ein Vollstreckungsbescheid ergangen ist, muss dies unbedingt aufgeklärt werden.

---

[15] Besonders Banken sind oft auf eine solche Mitwirkung des Gerichts nicht mehr angewiesen, weil sie bei der Bestellung einer Hypothek oder Grundschuld als Sicherung für einen Kredit notariell mit dem Eigentümer vereinbart haben, dass sie im Verzugsfall ohne weiteres vollstrecken dürfen.

Muss der Erbe die Schulden bezahlen?

Unser BGB sieht für den Erben Möglichkeiten vor, die Schulden des Verstorbenen nicht bezahlen zu müssen. Dabei gilt der Grundsatz: „Keine Schulden, aber auch kein Erbe". Nachlassgegenstände zu behalten, aber die Schulden nicht zu bezahlen, ist auf legale Weise nicht möglich.

Es stehen grundsätzlich zwei völlig verschiedene Wege offen:

- Die Ausschlagung der Erbschaft (dazu im folgenden Abschnitt mehr);
- Die Beschränkung der Haftung auf den Nachlass (dazu ab Seite 116).

Die Ausschlagung der Erbschaft

Der Grundsatz

Niemand ist verpflichtet, eine Erbschaft anzunehmen, gleichgültig ob er als Ehegatte oder als Verwandter kraft Gesetzes oder – auch als Fremder – durch ein Testament zur Erbschaft berufen ist (§ 1944 ff. BGB). Ja sogar eine Erbschaft, die auf Grund einer gemeinsamen letztwilligen Verfügung (gemeinsames Testament oder Erbvertrag) anfällt, kann abgelehnt (= ausgeschlagen) werden. Selbstverständlich kann man auch eine Erbschaft ausschlagen, die nicht überschuldet ist, weil man z. B. mit dem Verstorbenen Streit hatte oder mit den Miterben „nichts zu tun haben will". In der Praxis kommt es immer wieder vor, dass Kinder eine Erbschaft „in guter Absicht" ausschlagen wollen – und dabei einen bitteren Fehler machen. Dazu Seite 113. Bei der Ausschlagung sind wichtige Formen, Regeln und Fristen zu beachten, die in den folgenden Abschnitten erörtert werden.

Wer die Erbschaft ausschlägt, wird so behandelt, wie wenn er zum Zeitpunkt des Erbfalles nicht mehr gelebt hätte (§ 1953 BGB). Dies hat also Folgen entweder für die anderen Miterben oder auch für die eigenen Abkömmlinge (§ 1953 Abs. 2 BGB). Dies sei an Beispielen erklärt:

Beispiel:

Der verwitwete Vater hatte drei Kinder, Anton, Bruno und Doris. Doris hat vor Jahren das Elternhaus im Streit verlassen und hatte keinerlei Kontakt mehr mit Vater und den Brüdern. Sie ist verheiratet, aber kinderlos. Nun stirbt der Vater und hinterlässt kein Testament. Doris will von der Erbschaft nichts wissen und schlägt aus.

Folge: Da sie keine Kinder hat und der Ehemann (Schwiegersohn) nicht gesetzlicher Erbe werden kann, fällt ihr „Stamm" weg. Erbrechtlich gilt sie als „tot". Die beiden Brüder erben je zur Hälfte.

Variation: Doris hat drei Kinder. Zwei sind verheiratet und ihre 18-jährige ledige Tochter ist schwanger. Nun schlägt Doris die Erbschaft aus.

Zunächst treten ihre drei Kinder an ihre Stelle, die also Erbe zu je $1/9$ würden. Wollen diese auch vom Großvater und seinem Nachlass nichts wissen, müssen sie ebenfalls ausschlagen.

Soweit sie Kinder haben, müssen sie auch für diese ausschlagen, wobei die (beide) Eltern für noch minderjährige Kinder (Genehmigung des Vormundschaftsgerichts ist nicht erforderlich – § 1643 Abs. 2 BGB) ausschlagen müssen. Die ledige Tochter muss auch für ihr zu erwartendes Kind ausschlagen, da dieses zum Zeitpunkt des Todes des Urgroßvaters bereits erzeugt war und im Falle lebender Geburt Erbe würde (§ 1923 Abs. 2 BGB).

Wegen der Kosten unbedingt Seite 111 beachten.

Die Voraussetzung

Grundsätzlich kann man die Erbschaft nicht mehr ausschlagen, wenn man sie angenommen hat (§ 1943 BGB). Die Annahme einer Erbschaft wird im Regelfall gegenüber dem Nachlassgericht, schriftlich oder mündlich, erklärt. Sie kann aber auch durch „schlüssige Handlung" erfolgen. Wenn also die Erben Nachlassgegenstände verkaufen oder unter sich verteilen, wird unterstellt werden, dass sie die Erbschaft angenommen haben. Schließlich gilt der Ablauf der Ausschlagungsfrist (dazu Seite 112) als Annahme der Erbschaft (§ 1943 BGB). Es versteht sich von selbst, dass man eine Erbschaft erst rechtswirksam annehmen (oder ausschlagen) kann, wenn der Erblasser verstorben ist (§ 1946 BGB). Zu Lebzeiten des Erblassers kann man nur (in notarieller Urkunde) auf die künftige Erbschaft verzichten.

Wichtig: Wenn die Möglichkeit besteht, dass hohe Verbindlichkeiten vorhanden sind, sollte die Erbschaft nicht voreilig angenommen werden. Hier sollte zuerst versucht werden, Klarheit zu schaffen. Auf keinen Fall sollten die Erben Nachlassgegenstände unter sich verteilen, bevor die Schulden aus dem Nachlass bezahlt wurden. Sind Schulden vorhanden, sollten Nachlassgegenstände nur veräußert werden, wenn der Erlös erforderlich und ausreichend ist, um die Schulden zu tilgen.

Es gibt eine Reihe schwieriger Regeln für den Fall, dass die Erben nach Annahme der Erbschaft ohne ihr Verschulden erst im Laufe der Abwicklung merken, dass mehr Verbindlichkeiten als Nachlass vorhanden sind. Dann ist rechtliche Beratung unverzichtbar.

Es ist zwar grundsätzlich denkbar, die Annahme der Erbschaft anzufechten, um sie anschließend auszuschlagen (§§ 1954 ff. BGB). Auch eine erfolgte Ausschlagung kann evtl. angefochten werden, um anschließend die Erbschaft doch noch anzunehmen. Dies alles ist aber immer schwierig und erfordert ein eingehendes und umgehendes Gespräch (Frist läuft) mit dem Rechtspfleger des Nachlassgerichts.

Die Form

Die Ausschlagung der Erbschaft erfolgt durch eine Erklärung gegenüber dem Nachlassgericht. Wer also keinen weiten Weg zum Nachlassgericht hat, sollte nach Terminabsprache mit dem Rechtspfleger dort vorsprechen und durch eine Erklärung, welche der Rechtspfleger zu Protokoll nimmt, die Erbschaft ausschlagen.

Ist das zuständige Nachlassgericht weit entfernt (es ist das Gericht am letzten Wohnsitz des Verstorbenen), gibt es zwei Möglichkeiten:

- Man kann das Nachlassgericht bitten, die Akten an das Amtsgericht des eigenen Wohnsitzes zu verschicken mit dem Ersuchen, zur Annahme der Erbschaft gehört zu werden. In diesem Fall (und nur dann) kann die Ausschlagung auch beim Amtsgericht des eigenen Wohnsitzes erklärt werden. Muster für das Schreiben Seite 135.

- Man kann schriftlich ausschlagen. Aber: Ein formloser Brief genügt nicht. Erforderlich ist ein Schreiben mit einer öffentlich beglaubigten Unterschrift. Wer eine solche „öffentliche Beglaubigung" der Unterschrift vornehmen darf, ist streng geregelt. Es dürfen dies nur:

  - jeder deutsche Notar; und

  - besondere Behörden, welche durch ein Landesgesetz für berechtigt erklärt wurden. Falls der Erbe im Ausland lebt, auch deutsche konsularische Behörden.

In jedem Fall muss man sich legitimieren. Also den Personalausweis oder Reisepass nicht vergessen. Der Führerschein wird oft nicht anerkannt.

Notare und Behörden fordern Gebühren für ihre Tätigkeit. Die Notare sind üblicherweise etwas teurer. Aber sie sind auch in der Lage, die Erklärung formgerecht zu schreiben. Die besonderen Behörden dagegen schreiben grundsätzlich nichts. Man muss also eine vorgeschriebene Erklärung mitbringen, die man dort nur noch unterschreiben muss. Wenn im dortigen Bundesland eine Beglaubigungsbehörde ermächtigt ist (das weiß man beim Amtsgericht), könnte man die Erklärung selbst schreiben (Muster im Anhang Seite 137) und sie anschließend beglaubigen lassen und diese beglaubigte Erklärung (am besten per Einschreiben/Rückschein) an das zuständige Nachlassgericht per Post schicken.

Nicht zur Beglaubigung befugt sind insbesondere Rechtsanwälte, die nicht gleichzeitig Notar sind, Pfarrämter, Polizei etc.

Man kann auch einen Dritten bevollmächtigen, beim Nachlassgericht die Erbschaft auszuschlagen. Da aber die Unterschrift unter der Vollmacht in gleicher Weise öffentlich beglaubigt werden muss, wie die Ausschlagungserklärung selbst (§ 1945 Abs. 3 BGB), hat dies in der Praxis keine große Bedeutung erlangt. Die Vollmacht muss bei der Abgabe der Erklärung beim Nachlassgericht vorgelegt oder innerhalb der Frist nachgereicht werden.

Die Kosten

Wird die Erklärung beim Nachlassgericht direkt oder bei einem zur Entgegennahme ersuchten Amtsgericht (Seite 109) abgegeben, erhebt das Gericht hierfür $\frac{1}{4}$ der vollen Gebühr.

Daneben erhebt es nochmals $\frac{1}{4}$ der vollen Gebühr für die Entgegennahme der Erklärung. In Geld bedeutet dies Folgendes:

- Für die Entgegennahme der Ausschlagung erhebt das Nachlassgericht – falls der Nachlass überschuldet ist – die Mindestgebühr von 10,– EUR (§ 112 Abs. 1 Ziff. 2 KostO).

- Wird die Erklärung beim Nachlassgericht zu Protokoll des Rechtspflegers abgegeben, wird hierfür nochmals die Mindestgebühr von 10,– EUR fällig (§ 112 Abs. 3 mit § 38 Abs. 3 KostO).

- Wird die Erklärung schriftlich abgegeben, entfällt die zweit-
genannte Gebühr und es wird beim Gericht nur die erst-
genannte Gebühr fällig. Dafür erheben aber Notar (mehr
als 10,– EUR) bzw. die Urkundsbehörde ihre eigenen Gebühren.

Mehrere Personen, die nebeneinander oder hintereinander zur Erbschaft berufen sind und alle ausschlagen wollen, sollen auf jeden
Fall – wenn irgendwie möglich – gemeinsam zum Gericht oder zur
Urkundsbehörde gehen und in einer Erklärung ausschlagen. Denn
dann werden die Gebühren des Gerichts nur einmal erhoben (§ 112
Abs. 2 Satz 3 KostO); anderenfalls fallen sie immer wieder getrennt
an. Auch die Urkundsbehörden erheben dann gewöhnlich geringere Gebühren.

Im Beispiel Seite 107 wäre die Sippe der Doris kostenrechtlich gut
beraten, nach Terminabsprache gemeinsam zum Nachlassgericht zu
gehen, um dort die erforderlichen Erklärungen abzugeben.

Die Frist

Die Erbschaft kann grundsätzlich nur innerhalb einer Frist von sechs
Wochen ausgeschlagen werden. Diese Frist beginnt (§§ 1943,1944
BGB):

- für Angehörige, welche zur gesetzlichen Erbfolge berufen
sind, mit der Kenntnis vom Tod des Erblassers; vorausgesetzt,
sie wissen um die Verwandtschaft. So müssen z. B. die Kinder
davon ausgehen, dass sie als Erbe in Betracht kommen, wenn
der Vater oder die Mutter stirbt.

- für Verwandte, welche erst durch die Ausschlagung eines
näheren Verwandten als Erbe berufen sind, mit der Kenntnis
der Ausschlagung und damit ihrer eigenen Berufung.

- für Erben, die nicht auf Grund Gesetzes, sondern auf Grund
eines Testamentes berufen sind, frühestens mit der Ver-

kündung der letztwilligen Verfügung durch das Nachlassgericht, auch wenn sie den Tod des Erblassers früher erfahren
haben und bereits wussten, dass sie im Testament als Erbe
stehen.

Die Frist beträgt sechs Monate, wenn

- der Verstorbene seinen letzten Wohnsitz nur im Ausland
gehabt hat, oder

- der Erbe sich bei Beginn der Frist (siehe oben) im Ausland auf-
gehalten hat.

Wichtig:

- Ist die Frist abgelaufen, gilt die Erbschaft als angenommen,
ohne dass es hierfür einer besonderen Erklärung bedürfte.

- Die Frist wird erst gewahrt, wenn die Erklärung beim Nachlassgericht eingegangen ist. Wer also seine schriftliche
Erklärung beim Notar oder einer Urkundsbehörde beglaubigen lässt, muss dafür sorgen, dass das Schriftstück rechtzeitig beim Nachlassgericht eingeht. Also nicht bis zur letzten
Minute warten.

Sonderfälle

Wer auf Grund eines Testaments Erbe werden soll, aber auch
gesetzlicher Erbe wäre, kann die Erbschaft auf Grund des Testamentes ausschlagen und auf Grund Gesetzes annehmen (§ 1948
BGB). Eine praktische Bedeutung hat das aber nicht und sollte daher
keinesfalls ohne Beratung erwogen werden.

Ist der Erbe verstorben, bevor die Ausschlagungsfrist abgelaufen ist,
können seine Erben die frühere Erbschaft ausschlagen (§ 1949 BGB)
und die neue Erbschaft annehmen, wobei sich die Ausschlagungsfrist verlängert.

Beispiel:

Anton, verwitwet, war Säufer und hat Schulden. Er stirbt. Sein einziges Kind (Bruno) ist verheiratet, lebt in guten Verhältnissen und hat drei Kinder. Einige Tage später stirbt Bruno, bevor er bezüglich des Nachlasses seines Vaters etwas unternehmen konnte. Jetzt können seine Witwe und seine Kinder gemeinsam die Erbschaft nach Anton ausschlagen, obwohl sie natürlich die Erbschaft nach Bruno annehmen.

Es kommt immer wieder vor, dass Kinder, die nach dem Tod eines Elternteiles neben dem anderen Elternteil gesetzliche Erben geworden sind, in der guten Absicht, dem überlebenden Elternteil den ganzen Nachlass zu überlassen, die Erbschaft ausschlagen wollen. Dabei wird übersehen, dass in diesem Fall der überlebende Elternteil keineswegs Alleinerbe würde, sondern (oft unerwünschte) Personen als Miterben in Betracht kämen, nämlich die Eltern des Verstorbenen (Großeltern der Kinder) oder, falls diese nicht mehr leben, deren Kinder (also Vetter und Base).

Zur Warnung sei ein Fall erwähnt, welchen der Verfasser in letzter Minute verhindern konnte:

Beispiel:

Eheleute haben ein Kind. Vater stirbt. Sohn will – um den nicht unerheblichen Nachlass seiner Mutter allein zukommen zu lassen – seine Erbschaft ausschlagen. Der Vater war zwar das einzige eheliche Kind seiner vorverstorbenen Eltern und damit wäre die Mutter tatsächlich Alleinerbin geworden, aber der Vater des Verstorbenen hatte ein nichteheliches Kind – was damals als familiärer Skandal empfunden und vertuscht worden ist – und dieses nach 1949 geborene Kind wäre neben der Ehefrau/Mutter Miterbe geworden.

Welche anderen Möglichkeiten gibt es?

- Falls der Nachlass geringfügig ist und kein Grundbesitz zum Nachlass gehört, könnten sie ganz einfach und formlos dem Vater oder der Mutter die gesamten Nachlassgegenstände übertragen. Vielleicht sollte man das privatschriftlich regeln, insbesondere, wenn Geldguthaben zum Nachlass gehören.

- Ist Grundbesitz vorhanden und/oder wollen sich die Kinder mit Rücksicht auf die zukünftige Entwicklung nicht mit einem „formlosen Belassen" zufrieden geben, bliebe die Erbteilsübertragung beim Notar. Dies kostet aber nicht nur erhebliche Gebühren beim Notar und Grundbuchamt, sondern auch Schenkungsteuer, wenn die nicht allzu hohen Freibeträge überschritten werden.

- Natürlich können die Erben statt des Erbanteils auch gemeinsam dem Elternteil ein Grundstück schenkungsweise oder im Rahmen der Erbauseinandersetzung übertragen. Aber auch das kostet Gebühren beim Notar und Grundbuchamt und muss außerdem unter dem Gesichtspunkt der Schenkungsteuer überprüft werden.

- Zu denken wäre auch an eine unwiderrufliche Verwaltungsvereinbarung mit Verzicht auf eine Auseinandersetzung, was aber eingehender rechtlicher Beratung bedarf und außerdem den Vater/die Mutter nicht schützt, wenn eines der Kinder Schulden macht.

Wollen die Eltern oder ein Vormund für ein minderjähriges Kind eine Erbschaft ausschlagen, die dem Kind nicht erst durch Verzicht oder Ausschlagung seitens der Eltern angefallen ist, brauchen sie hierfür die Genehmigung des Vormundschaftsgerichts (§§ 1643, 1822 BGB). Diese Genehmigung muss vor der Ausschlagung eingeholt und somit innerhalb der Frist beschafft werden, weshalb in jedem Fall Eile geboten ist.

Beispiel:

Die 16-jährige Tochter hatte einen 18-jährigen Freund, der bei einem Unfall mit seinem Motorrad ums Leben kam und in seinem Testament seine Freundin als Alleinerbin eingesetzt hatte. Die Eltern wollen die Erbschaft ausschlagen. Einmal waren sie gegen diese Freundschaft und außerdem vermuten sie, dass nur Schulden vorhanden sind.

- Beide Eltern müssen zunächst die vormundschaftsgerichtliche Genehmigung für die beabsichtigte Ausschlagung beantragen. Der Rechtspfleger des Vormundschaftsgerichts wird voraussichtlich die Tochter hören (und möglicherweise die Genehmigung verweigern, wenn die Tochter erben will und es sich ergibt, dass die Eltern nur wegen ihrer Ablehnung des Freundes eine an sich werthaltige Erbschaft ausschlagen wollen).

- Sodann müssen beide Eltern beim Nachlassgericht vorsprechen und dort unter Vorlage des Genehmigungsbescheides die Erbschaft ausschlagen.

- Die Frist von sechs Wochen hat mit der Verkündung des Testamentes begonnen, wenn einer der Eltern beim Nachlassgericht anlässlich der Verkündung anwesend war, anderenfalls mit dem Eingang der Nachricht des Nachlassgerichtes über die Erbeinsetzung bei den Eltern.

- Die Tochter fragen, ob sie schwanger ist! Denn dann könnte das zu erwartende Kind – falls es lebend geboren wird und der Freund der „Erzeuger" war – Alleinerbe sein!

Praxis-Tipp:

- Jeder kann eine ihm angefallene Erbschaft ausschlagen.

- Die Ausschlagung erfolgt beim Nachlassgericht mündlich oder schriftlich in einer öffentlich beglaubigten Erklärung.

- Die Ausschlagung kann nur innerhalb einer Frist erfolgen, die im Normalfall sechs Wochen beträgt.

- Wer die Erbschaft ausgeschlagen hat, wird für die weitere Abwicklung des Nachlasses so behandelt, als wäre er zum Zeitpunkt des Erbfalles bereits verstorben.

Haftungsbeschränkung auf den Nachlass

Wann ist dies sinnvoll?

Die nachstehend geschilderte Möglichkeit, die Haftung auf den Nachlass zu beschränken (also den Nachlass herauszugeben, aber keine Schulden aus eigenen Mitteln bezahlen zu wollen) ist unter normalen Verhältnissen die Ausnahme. Große Sorgfalt ist erforderlich und eine rechtliche Beratung meist unverzichtbar. Unerwünschte Erbschaften soll man lieber ausschlagen, als sich der nachgenannten Prozedur zu unterziehen. Allerdings kann es vorkommen, dass aus familiären Gründen eine Ausschlagung nicht erwünscht ist, andererseits aber auch niemand die Schulden bezahlen will. Dies soll an einem Beispiel erklärt werden, das sich so ähnlich tatsächlich ereignet hat.

Beispiel:

Der verwitwete Vater Alexander war ein Säufer. Außer seinem verwahrlosten Hausrat hat er keinen Nachlass, aber erhebliche Schulden bei Banken, Versandhäusern etc. Insoweit sind schon Vollstreckungstitel (dazu Seite 105) vorhanden, ohne dass die Gläubiger bisher Geld bekommen hätten.

Nun stirbt Alexander und hinterlässt eine Tochter, die in soliden wirtschaftlichen Verhältnissen lebt, verheiratet ist und zwei minderjährige Kinder hat. Sie überlegt sich Folgendes:

- Ich kann die Erbschaft ausschlagen; zusammen mit meinem Ehemann auch für die beiden minderjährigen Kinder. Die Beerdigungskosten habe ich ohnehin (dazu Seite 32) von meinem Geld bezahlt. Dann bin ich gegen geringe Gebühr alle Sorgen los.

- Aber damit werden sich die Gläubiger nicht zufrieden geben. Sie werden vom Nachlassgericht weitere Erbenermittlung fordern und dann kommen die sechs Brüder meines Vaters als Erben in Betracht (Eltern des Vaters leben nicht mehr). Also müssen alle ausschlagen. Jeder von ihnen hat Kinder; auch die müssen ausschlagen – und soweit bereits Enkel vorhanden sind oder Töchter schwanger sind – muss auch für diese ausgeschlagen werden. Diese Verwandten, mit denen ich und meine Kinder ein herzliches Verhältnis haben, werden mir vorwerfen, mich auf ihre Kosten von der Verantwortung gedrückt zu haben – und das wäre besonders für meine Kinder ärgerlich.

Was soll ich also tun?

Was ist zu tun?

Die Tochter wird die Erbschaft annehmen. Sodann wird sie ein Verzeichnis des „Nachlasses" fertigen, und zwar möglichst genau. Dabei hat sie anzugeben, ob z. B. Möbel nur noch „Sperrmüll" oder noch veräußerbar sind. Sollte sie wirklich Geld oder Guthaben entdecken, darf sie nichts verschweigen. Auch gute Stücke (die Perlenkette der Mutter, welche der Vater damals geerbt hat) dürfen nicht unterschlagen werden. Von diesem Verzeichnis fertigt sie eine Reihe von Kopien an. Außerdem versucht sie aus den Unterlagen, die sie im Nachlass findet, ein Verzeichnis der Gläubiger (Name und Anschrift) und nach Möglichkeit der Höhe der Schulden zu fertigen.

Damit begibt sie sich zum Insolvenzgericht (meist das Amtsgericht am Sitz des Landgerichts) und stellt einen Antrag auf Eröffnung des Nachlass-Insolvenzverfahrens. Hierbei erklärt sie, dass sie keinen Vorschuss zur Eröffnung leisten will.

Alsbald wird sie vom Gericht einen Beschluss dahingehend bekommen, dass die Eröffnung des Insolvenzverfahrens mangels einer die Kosten deckenden Masse abgelehnt wird. Diese Entscheidung kostet sie voraussichtlich weniger als 20,– EUR.

Nunmehr schickt sie allen Gläubigern, welche sie ermitteln konnte, eine Kopie des Gerichtsbeschlusses und eine Kopie des Nachlassverzeichnisses und teilt ihnen mit, dass sie zwar die Forderung anerkenne, aber gemäß § 1990 BGB die „Dürftigkeits-Einrede" erhebe. Dabei muss sie mitteilen, wo sich der „Nachlass" befindet und auch, dass sie unverwertbare Gegenstände innerhalb einer kurzen Frist vernichten wird.

Die Probleme

Die Wohnung des Verstorbenen muss sofort gekündigt werden. Die Mietschulden bis zur Beendigung des Mietverhältnisses sind eine Nachlassverbindlichkeit, weshalb sie von der Erbin nicht bezahlt werden müssen, wenn kein Nachlass vorhanden ist. Der Vermieter hat evtl. ein Pfandrecht an den Sachen in der Wohnung – dann mag er sie abholen. Meist wird der Vermieter froh sein, wenn die Tochter so rasch wie möglich die Wohnung auflöst und an ihn zurückgibt (Auflösungsvertrag). Die Tochter ist nicht verpflichtet, die im Mietvertrag vorgesehene Renovierung auf eigene Kosten vorzunehmen, falls sie nicht aus dem Nachlass bezahlt werden kann. Falls der Vermieter keine Kaution hat, geht er leer aus.

Die Gläubiger lassen nicht locker: Die Praxis hat gezeigt, dass die Gläubiger in aller Regel ihre Forderungen abschreiben, wenn sie die vorgenannten Unterlagen erhalten. Sollte dies aber nicht der Fall sein, so muss die Erbin unbedingt sofort zum Gericht gehen, wenn sie wegen einer Forderung eine formelle Zustellung erhält, sei es vom Gericht oder vom Gerichtsvollzieher. Es gibt nämlich zwei Möglichkeiten:

- Die Gläubiger haben noch keinen Titel:

Jetzt müssten sie Klage gegen die Erbin erheben. In diesem Rechtsstreit stellt die Erbin den Antrag, die Zwangsvollstreckung auf den Nachlass zu beschränken und erkennt im Übrigen den Klageanspruch sofort an. Beantragt ein Gläubiger einen Mahnbescheid, muss sie Widerspruch einlegen und im Folge-Prozess vorgenannte Erklärung abgeben. Der Gläubiger wird dann wohl in die Kosten des Verfahrens verurteilt.

- Ein Gläubiger hat bereits einen Titel:

Gegen die „Umschreibung" der Vollstreckungsklausel kann sich die Erbin nicht wehren. Sie sollte aber – sobald ihr eine solche Klausel zugestellt wird – den Gläubiger davon in Kenntnis setzen, dass sie unverzüglich gegen ihn eine Klage nach § 767 ZPO erheben werde, wenn er in ihr Privatvermögen vollstrecken will. Vollstreckt er, ist rechtliche Beratung unverzichtbar, die auch bei der Rechtsantragstelle eines Amtsgerichts erfolgen kann.

Nachlass-Insolvenzverfahren und Nachlassverwaltung

Beides kommt in Betracht, wenn der Nachlass zwar insgesamt überschuldet ist, aber im Nachlass noch so viele Werte enthalten sind, dass sich ein solches Verfahren lohnt (kostendeckende Masse). Ein solches Verfahren kann auf Antrag des Erben eingeleitet werden. Das Nachlass-Insolvenzverfahren wird beantragt, wenn von Anfang an feststeht, dass der Nachlass überschuldet ist. Steht dies nicht fest, kommt Nachlassverwaltung in Betracht. Da hier immer Beratung beim Nachlass-Rechtspfleger erforderlich ist, wird auf die Darstellung verzichtet.

Schulden erben

Die Anordnung (also nicht die Ablehnung mangels Masse!) eines solchen Verfahrens führt dazu, dass nur der Nachlass für die Schulden haftet und der Erbe zwar nichts erhält (wenn nicht doch noch etwas übrig bleibt), aber auch keine Schulden aus dem Privatvermögen bezahlen muss.

Die Erbschaftsteuer

8

Wer muss was versteuern?

Die Steuerpflicht

Grundsätzlich muss jeder Erbe seinen Anteil an einem Erwerb von Todes wegen versteuern.

Dies gilt also nicht nur für die Erbschaft als solche, sondern auch für alle anderen Erwerbsformen, wie z. B.

- für Vermächtnisse, sei es in Geld oder in Sachen oder in Rechten (Nießbrauch);

- eingeforderter Pflichtteil; nicht aber einen Pflichtteil, der zwar gefordert werden könnte, aber tatsächlich nicht verlangt wird;

- Abfindungen für die Ausschlagung einer angefallenen Erbschaft oder für das Nichtverlangen eines an sich geschuldeten Pflichtteils;

- Lebensversicherungen (dazu Seite 47), obwohl sie bürgerlich-rechtlich nicht zum Nachlass gehören, sondern dem Begünstigten als „Vertrag zugunsten eines Dritten" anfallen.

Eintritt der Steuerpflicht

Die Steuerpflicht tritt nicht ein,

- wenn der Wert der Zuwendung den Freibetrag des Empfängers nicht übersteigt;

- wenn besondere Regelungen bzw. Freibeträge keine Steuerpflicht begründen; und

- wenn die endgültig festzusetzende Steuer nicht höher als 50,– EUR wäre.

Dazu in den folgenden Abschnitten mehr.

Steuerklassen und allgemeine Freibeträge

Die Steuerklassen

Es sind drei Steuerklassen vorgesehen. Sie richten sich nach der Verwandtschaft zum Erblasser.

Steuerklasse I:
Ehegatte, (eheliche, nichteheliche, adoptierte) Kinder, Stiefkinder, Enkel, Urenkel, Eltern und Großeltern.

Steuerklasse II:
Geschwister, Neffen, Nichten, Stiefeltern, Schwiegereltern, Schwiegerkinder, der geschiedene Ehegatte.

Steuerklasse III:
Alle anderen Personen. Hierher gehören also z. B. Schwager, Schwägerin, Verlobte, Freundin, Pflegekind, nichtehelicher, schwuler oder lesbischer Lebenspartner (auch wenn diese Partnerschaft offiziell registriert ist), Haushälterin, Bedienstete.

Gemeinde, Kirche, Religionsgemeinschaften und gemeinnützige Vereine können erbschaftsteuerfrei erben. Einzelheiten sollte man aber beim Finanzamt erfragen.

Die allgemeinen Freibeträge

Es handelt sich um den Wert der Zuwendung, welche nicht versteuert werden muss. „Freibetrag" bedeutet, dass nur der darüber hinausgehende Wert zu versteuern ist und nicht etwa die gesamte Zuwendung, wenn der „Freibetrag" überschritten wird (das Steuerrecht würde eine solche Regelung „Freigrenze" nennen!).

Die Freibeträge sind nur für die Steuerklasse I verschieden, nämlich für:

den Ehegatten	307 000,– EUR
Kinder	205 000,– EUR
Enkel, Urenkel, Eltern, Großeltern	51 200,– EUR

Enkel erhalten einen erhöhten Freibetrag von 205 000,– EUR, wenn sie an die Stelle eines nicht mehr lebenden Elternteils treten.

Beispiel: ——————————————

Der verwitwete Erblasser hatte drei Kinder, Anton, Bruno und Doris. Doris ist bereits verstorben und hat zwei Kinder, Anton und Bruno haben je ein Kind.

Der Erblasser hat den Kindern von Anton und Bruno im Testament je 60 000,– EUR vermacht (Vermächtnis) und im Übrigen ist die gesetzliche Erbfolge eingetreten.

Nun haben die Hinterbliebenen folgende Freibeträge:
Anton und Bruno je 205 000,– EUR,
ihre Kinder je 51 500,– EUR (und müssen also Steuern zahlen!),
die Kinder von Doris je 205 000,– EUR.

Obwohl die Kinder von Anton, Bruno und Doris „gleichberechtigte" Enkel sind, haben Letztere – wegen des Todes ihrer Mutter – einen deutlich höheren Freibetrag!

In der Steuerklasse II haben alle einen Freibetrag von 10 300,– EUR und in der Steuerklasse III einen solchen von 5 200,– EUR. Ist sowohl der Erblasser als auch der Erbe Ausländer, hat der Erbe nur einen Freibetrag von 1 100,– EUR.

Die besonderen Freibeträge

Der Versorgungsfreibetrag

Ehegatten und Kinder haben beim Tod des anderen Ehegatten bzw. des Vaters oder der Mutter noch einen so genannten „Versorgungsfreibetrag".

Dieser Freibetrag beträgt maximal

für den Ehegatten	256 000,– EUR
für Kinder bis zu 5 Jahren	52 000,– EUR
älter als 5 bis 10 Jahren	41 000,– EUR
älter als 10 bis 15 Jahren	30 700,– EUR
älter als 15 bis 20 Jahren	20 500,– EUR
älter als 20 bis 27 Jahren	10 300,– EUR

Nach der Vorstellung des Gesetzgebers soll dieser Freibetrag den Wegfall des Verstorbenen als „Versorger" der Familie kompensieren, auch wenn der Erblasser in Wirklichkeit nicht der „Versorger" war. Wegen dieser Wertung des Gesetzgebers muss aber – konsequent – die Versorgung abgezogen werden, welche auf Grund nicht erbschaftsteuerpflichtiger Bezüge die Hinterbliebenen vom Verstorbenen erhalten, somit Pension, Witwenrente, Hinterbliebenenrente etc. Das macht die Berechnung schwierig und kann dazu führen, dass der Freibetrag sich am Ende „in Luft auflöst".

Die genaue Berechnung soll hier nicht dargestellt werden. Grundsätzlich wird für den Ehegatten wie folgt gerechnet:

Jahreswert der Versorgung x Lebenserwartungsindex[16) = Abzugsbetrag.

Für die Kinder wird die Frist der noch mutmaßlichen Rentendauer geschätzt.

Der Zugewinn-Ausgleich-Freibetrag

Ehegatten, die im gesetzlichen Güterstand leben, können evtl. noch einen „Zugewinn-Ausgleichs-Freibetrag" erhalten. Dies gilt auch dann, wenn der Zugewinn „erbrechtlich ausgeglichen" wird (lesen Sie hierzu nochmals Seite 84). Allerdings nur, wenn im Falle einer Scheidung statt des Todesfalles überhaupt ein Zugewinn auszugleichen gewesen wäre. Die Regelung ist derart kompliziert, dass im Einzelfall Beratung erforderlich ist.

Sachliche Freibeträge

Außerdem gibt es noch Freibeträge für

a. den Hausrat und

b. „bewegliche Sachen" außer Geld, Wertpapieren, Münzsammlungen, also z. B. für den PKW, für Briefmarkensamm-

---

[16) Für den Lebenserwartungsindex gibt es eine (für Männer und Frauen verschiedene) Tabelle. Vom Abdruck wird abgesehen. Sie findet sich im Buch „Soll ich mein Haus übertragen?".

lungen, für Kunstgegenstände, für Schmuck, für Klavier und Geige und auch für Tiere (obwohl diese heute nicht mehr allgemein als „Sachen" gelten). Berechtigte der Steuerklasse I erhalten getrennte Freibeträge für Hausrat (41 000,– EUR) und für die übrigen beweglichen Sachen (10 300,– EUR). Berechtigte der Steuerklasse II haben für Hausrat und bewegliche Sachen einheitlich einen Freibetrag von 10 300,– EUR. Angehörige der Steuerklasse III erhalten diesen Freibetrag nicht.

Auch hier erhält jeder Erbe den vollen Freibetrag, jedoch nicht mehr als der Wert der befreiten Gegenstände. Er kann also einen nicht benötigten Freibetrag nicht für andere Teile der Erbschaft nutzen.

Beispiel:

Der verwitwete Vater hinterlässt seinen beiden Enkeln eine Briefmarkensammlung im Wert von 15 000,– EUR und außerdem ein Geldvermächtnis von je 60 000,– EUR. Der Vater der beiden Jungen wird Alleinerbe.

Beide Jungen haben für die Briefmarkensammlung einen sachlichen Freibetrag von je 10 300,– EUR, den sie also bei 15 000,– EUR (geteilt durch 2) nicht ausschöpfen können. Sie müssen zwar für die Briefmarkensammlung keine Erbschaftsteuer bezahlen, können aber den nicht verbrauchten Freibetrag von je 2 800,– EUR nicht auf das Geldvermächtnis übertragen und müssen dort für 60 000,– EUR minus Freibetrag 51 200,– EUR = 8 800,– EUR Erbschaftsteuer zahlen.

Anmerkung: Es versteht sich von selbst, dass der Vater bei der Berechnung des Wertes seiner Alleinerbschaft die 120 000,– EUR für seine Kinder und die Briefmarkensammlung absetzen kann.

Freibeträge für Produktivvermögen

Da in diesem Fall immer Beratung beim Steuerberater unverzichtbar ist, wird dieser Freibetrag nicht erörtert. „Produktivvermögen" ist auch ein landwirtschaftlicher Betrieb!

Die Bewertung der Erbschaft

Grundbesitz

Für die Bewertung von Grundbesitz (Seite 61) hat das Finanzamt eigene, sehr schwierige Regeln, deren Darstellung den Umfang des Buches sprengen würde[17]. Im Übrigen sind die derzeit geltenden Regeln umstritten. Mit einer Entscheidung des BVerfG ist demnächst zu rechnen.

Andere Sachen

Geld wird mit dem Nennwert versteuert. Wertpapiere mit dem Kurswert per Todestag, Fondsanteile und Bundesschatzbriefe B mit dem Rückzahlungswert am Todestag. Bei Geldanlagen – Sparkonten – müssen die noch nicht fälligen Zinsen bis zum Todestag hinzugerechnet werden.

Alle übrigen beweglichen Sachen, also z. B. Kunstwerke, müssen geschätzt werden. Es ist üblich, dass in der Steuererklärung ein Wert angegeben wird, den das Finanzamt entweder akzeptiert oder nachprüft.

Lebensversicherungen werden wie folgt angerechnet:

a. Vom Erben übernommene, noch nicht fällige Lebensversicherung: $2/3$ des eingezahlten Betrages (Prämien) oder – wenn niedriger – der Rückkaufwert am Todestag.

---

[17] Grundzüge finden Sie in dem Buch „Soll ich mein Haus übertragen?".

b. Ausgezahlte Lebensversicherung, wenn der Begünstige gleichzeitig „Versicherungsnehmer" war: keine Steuer.

c. War er nicht Versicherungsnehmer, sondern nur „begünstigt", dann der volle Auszahlungsbetrag, Versicherungssumme und Gewinnanteil.

d. Verbundene Lebensversicherung (Seite 48): nur die halbe Versicherungssumme.

Verbindlichkeiten

Abgezogen werden sämtliche Schulden des Erblassers, also z.B. auch Steuerschulden, Bankschulden, auch die Miete für die gekündigte Wohnung (Seite 42). Auch Arztkosten und Kosten des Krankenhauses, welche die Krankenkasse/Beihilfe nicht übernimmt.

Weiter abzuziehen sind die Kosten der Beerdigung und die Kosten der Nachlass-Abwicklung, also z.B. die auf Seite 70 genannten Gerichtskosten, die Notarkosten und die Kosten des Grundbuchamtes bei der Auseinandersetzung, dem Vollzug der Teilungsanordnung und dem Vermächtnisvollzug, und schließlich noch die Kosten des Steuerberaters für die Erbschaftsteuererklärung (nicht aber die Erbschaftsteuer selbst).

Für die Kosten der Beerdigung und der Erbschaftsabwicklung kann pro Todesfall (also nicht pro Erbe) eine Pauschale von 10 300,– EUR ohne Einzelnachweis abgesetzt werden, auch wenn die angefallenen Kosten geringer waren.

Schließlich werden die Verpflichtungen beim Erben abgezogen, die er auf Grund eines Testamentes (z.B. Vermächtnis) oder auf Grund Gesetzes (Pflichtteil) an andere Personen tatsächlich leisten muss. Pflichtteile also nur, wenn sie verlangt und gezahlt werden.

Die Höhe der Steuer

Ist der Wert des Nachlasses berechnet und sind die Verbindlichkeiten sowie der jeweilige Freibetrag abgezogen, kann die Höhe der endgültig zu zahlenden Erbschaftsteuer berechnet werden. Auch dazu werden die eingangs genannten Steuerklassen wieder unterschieden und es sind folgende Prozentsätze des durch Abzug der Verbindlichkeiten und der Freibeträge berichtigten Nachlasswertes zu zahlen:

Berichtigter Wert des Nachlasses	Steuer-klasse I	Steuer-klasse II	Steuer-klasse III
bis 52 000,– EUR	7 %	12 %	17 %
bis 256 000,– EUR	11 %	17 %	23 %
bis 512 000,– EUR	15 %	22 %	29 %

Bei Nachlasswert über 512 000,– EUR sollten Sie den Steuerberater fragen.

Wird eine Betragsgruppe überschritten, wird nicht etwa gestaffelt, sondern die gesamte Steuer ist aus der höheren Betragsgruppe zu zahlen. Bei nur geringfügigem Überschreiten gibt es einen Härteausgleich, der hier nicht dargestellt wird.[18]

Schenkung und Erbschaft

Wie allgemein bekannt, sind auch Schenkungen zu versteuern und zwar im Wesentlichen nach den oben dargestellten Regeln und mit den genannten Freibeträgen. Lediglich Großeltern haben bei Schenkung nur Steuerklasse II; Ehegatten/Kinder haben auch keinen Versorgungsfreibetrag.

Auch Schenkungen, die in der Vergangenheit vom späteren Erblasser vorgenommen wurden, werden jetzt mitgerechnet, wenn der

---

[18] Eine grundsätzliche Darstellung finden Sie im Buch „Soll ich mein Haus übertragen?".

Beschenkte Erbe wird. Sie werden nicht mehr angerechnet, wenn die Schenkung zehn Jahre zurückliegt. Die Fristberechnung ist bei Grundbesitz schwierig und erfordert Beratung im Einzelfall.

Dennoch kann durch rechtzeitiges Verschenken an Kinder und Enkel evtl. Erbschaftsteuer gespart werden! Jedoch immer bedenken: Man verschenkt nur, was man für das eigene Alter nicht mehr braucht. Das Verschenken des Hauses, in welchem man seine alten Tage verbringen will, muss mehr als gründlich überlegt werden. Die eigene Alterssicherheit geht dem Wunsch der Abkömmlinge, Steuern zu sparen, immer vor!

Gestaltungsmöglichkeiten

Schon die hier notwendig kurz gefassten Grundsätze zum Steuerrecht lassen eine Reihe von Gestaltungsmöglichkeiten erkennen, die bei größerem Nachlass Erbschaftsteuer weitgehend vermeiden können. Da dies aber immer Beratung beim Steuerberater oder beim Notar (bei der Abfassung des Testaments) erfordert, sei hier nur darauf hingewiesen, dass im geeigneten Fall durch einvernehmliches Pflichtteilsverlangen eine künftige Erbschaftsteuer gespart werden kann.

Beispiel:

Ein Ehepaar hat nur einen Sohn. Beide Eltern sind hoch betagt, als der Vater stirbt. Der Nachlass des Vaters beträgt ungefähr 300 000,– EUR. Die Eltern haben sich gegenseitig zu Alleinerben eingesetzt. Die Mutter hat ein eigenes Vermögen von ca. 50 000,– EUR.

Erbschaftsteuerrechtliche Folge: Die Mutter hat 300 000,– EUR geerbt; diese Erbschaft war für sie steuerfrei. Wenn sie aber innerhalb von zehn Jahren stirbt – womit angesichts ihres Alters gerechnet werden muss –, kann sie auch mit einer Schenkung an den Sohn nicht verhindern, dass dieser im Falle ihres Todes

Erbschaftsteuer bezahlen muss. Wenn dann der Nachlass immer noch 300 000,– EUR + 50 000,– EUR beträgt, ist der Freibetrag des Sohnes deutlich überschritten und er muss nach dem Tod der Mutter Erbschaftsteuer zahlen.

Damit der Sohn den Freibetrag gegenüber dem Vater noch ausnutzen kann, verlangt er (einvernehmlich) von der Mutter den Pflichtteil und erhält 1/4 von 300 000,– EUR in Geld, also 75 000,– EUR. Diese sind für ihn steuerfrei und werden auch (anders als eine Schenkung) nicht angerechnet, auch wenn die Mutter alsbald stirbt, da sie ja juristisch und steuerlich „vom Vater" kommen.

Somit erwartet der Sohn eine Erbschaft von 300 000,– EUR + 50 000,– EUR – 75 000,– EUR = 275 000,– EUR, also steuerlich immer noch zu viel. Jetzt macht die Mutter ein Testament, setzt ihren Sohn als Alleinerbe ein und vermacht ihrem Enkel 51 200,– EUR; also Rest-Erbschaft 223 800,– EUR.

Immer noch zu viel. Also erhält die Schwiegertochter auch noch ein Vermächtnis in Höhe von 10 000,– EUR und den Rest „besorgen" die Beerdigungskosten. Die Erbschaft bleibt insgesamt steuerfrei.

Der Umgang mit dem Finanzamt

Theoretisch muss jeder Erbe innerhalb von drei Monaten beim zuständigen Finanzamt anzeigen, dass er eine Erbschaft gemacht hat. In der Praxis geschieht das nur selten und dies ist auch recht bedeutungslos. Die Gerichte müssen nämlich eine Testamentseröffnung und die Erteilung eines Erbscheins dem Finanzamt anzeigen; die Banken schicken ein Verzeichnis der Konten ans Finanzamt und auch die Notare und die Versicherungsgesellschaften (Lebensversicherung) haben Anzeigepflichten, so dass das Finanzamt in jedem Fall in der Lage ist, einem Erben die Formblätter für die Steuererklärung zuzuleiten.

Schon das „richtige" Finanzamt muss erfragt werden, da die Bearbeitung der Erbschaftsteuer wohl in allen Bundesländern zentralisiert ist (manchmal bei einem Finanzamt, das infolge seiner geringen Größe anderenfalls aufgelöst werden müsste; also bitte nicht verwundert sein, wenn die Post aus der hintersten Ecke des Bundeslandes kommt). Dazu kommt noch, dass die Bewertung des Grundbesitzes für die Erbschaftsteuer nicht beim gleichen Finanzamt erfolgen wird, denn sie wird vom Finanzamt am Ort des Grundbesitzes durchgeführt und der verwirrte Erbe erhält gleich Post von zwei verschiedenen Finanzämtern.

Die Formblätter, welche auszufüllen sind, werden selbst von Laien mit Grundverständnis kaum durchschaut. Eigentlich sollten die Finanzämter keine Aufforderung zur Abgabe einer Erbschaftsteuer erlassen, wenn von Anfang an feststeht, dass keine geschuldet ist. Leider zeigt die Praxis, dass diese Arbeitsvereinfachung nicht überall Platz greift.

Praxis-Tipp:

- Wenn nach Ihrer Überzeugung von Anfang an feststeht, dass Sie keine Erbschaftsteuer schulden, dann versuchen Sie, sich durch den Formular-Wirrwarr durchzukämpfen. Evtl. gibt es einen Bekannten, der die Amtssprache besser versteht. Steuerberater sind nun einmal nicht billig.

- Rechnen Sie mit der Möglichkeit, Erbschaftsteuer zahlen zu müssen, sollten Sie besser einen Steuerberater aufsuchen. Dies ist insbesondere dann der Fall, wenn die hier als schwierig eingestuften und nicht näher beschriebenen Tatbestände dazu führen könnten, doch keine Steuer zahlen zu müssen (Versorgungsfreibetrag, Zugewinn-Ausgleich-Freibetrag). Gewerbebetriebe brauchen immer einen Steuerberater. Die Kosten des Steuerberaters werden am steuerpflichtigen Nachlass abgesetzt und vermindern damit auch die Steuer.

Mustertexte und Erläuterungen

9

Muster

Vollmacht für den Gang zum Nachlassgericht

Vollmacht

In der Nachlass-Sache

Grete Ungeheuer geb. Tausendschön

verstorben am 25.04.2004
VI 666/04[1]

bevollmächtige ich

Herrn Peter Eifrig, wohnhaft in Musterstadt, Am Rain 99[2]

mich vor dem Nachlassgericht in Musterstadt in allen Angelegenheiten zu vertreten. Der Bevollmächtigte ist insbesondere ermächtigt, für mich die Annahme der Erbschaft zu erklären. Vom Hindernis des § 181 BGB ist er befreit.[3]

Meine Personalien lauten:

Grete Hinterher geb. Tausendschön, geb. am 26.12.1933 in Kaiserslautern, wohnhaft Tannenstraße 22 in 67655 Kaiserslautern.

Kaiserslautern, den 22.01.2005

....
(Unterschrift)[4]

_____

Erläuterungen:

Soll die Vollmacht nur zur Teilnahme am Termin des Nachlassgerichts und zur Annahme der Erbschaft berechtigen, ist allgemein keine Beglaubigung der Unterschrift erforderlich, falls das Nachlassgericht nicht ausdrücklich eine solche Beglaubigung verlangt. Die Ausschlagung einer Erbschaft kann dagegen mit einer unbeglaubigten Vollmacht nicht erfolgen.

[1] Name und Sterbedatum des Erblassers. Hinter VI steht das Aktenzeichen des Gerichts.

[2] Name und Anschrift des Bevollmächtigten, der also zum Gericht geht.

[3] Dies bedeutet: Der Bevollmächtigte darf für den Vollmachtgeber auch dann handeln, wenn er als Miterbe selbst beteiligt ist.

[4] Hier unterschreibt der Vollmachtgeber; im Musterfall also die Grete Hinterher.

Die *kursiv* gedruckten Texte sind beim Ausfüllen entsprechend zu ändern.

Schreiben an das Nachlassgericht, damit die Akten zum Wohnsitzgericht eines Beteiligten verschickt werden, damit dieser dort die Erbschaft ausschlagen kann

Friedrich Lobesam

67655 Kaiserslautern, 12.01.2005
Am Kahlenberg 111
Tel. 06 31/1 31 81

An das
Amtsgericht
66666 Musterstadt

Nachlass-Sache Frieda Feucht geb. Trocken   VI 456/04
Dortiges Schreiben vom *06.01.2005*

Sehr geehrte Damen und Herren!

In der vorgenannten Nachlass-Sache habe ich durch Ihr oben genanntes Schreiben erfahren, dass ich infolge der Ausschlagung einer Reihe von Personen nunmehr als Erbe oder Miterbe bezüglich der oben genannten Erblasserin in Betracht komme. Ich möchte die Erbschaft ausschlagen.

Ich bitte darum, die Nachlassakten zum Amtsgericht Kaiserslautern mit dem Ersuchen zu übersenden, mich zur Annahme der Erbschaft zu hören. Ich werde dann bei diesem Gericht die Erbschaft ausschlagen.

Mit Rücksicht auf die laufende Frist bitte ich um rasche Erledigung.

Mit freundlichen Grüßen

....
(Unterschrift)

Diese Unterschrift muss nicht beglaubigt werden.

Da dieses Schreiben noch nicht die Frist zur Ausschlagung (normalerweise sechs Wochen) wahrt, muss spätestens zwei Wochen vor Ablauf der Frist mit dem Nachlassgericht telefonischer Kontakt aufgenommen werden, damit zur Not die Ausschlagung auch noch anderweitig erfolgen kann. Die Frist hat mit dem Eingang des Schreibens vom 06.01. begonnen. Briefumschlag aufheben!

Die *kursiv* gedruckten Texte sind beim Ausfüllen entsprechend zu ändern.

Mustertexte und Erläuterungen

Schreiben an das Nachlassgericht,
wenn ein Erbschein beantragt werden soll

Friedrich Lobesam   *67655 Kaiserslautern, 12.01.2005*
                                       Am Kahlenberg 111
                                       06 31/1 31 81

Zum
Amtsgericht
66666 Musterstadt

Nachlass-Sache *Franz Lobesam, gest. am 20.12.2004.*

Sehr geehrte Damen und Herren!

Mein Vater, Franz Lobesam ist am 20.12.2004 in Musterstadt, an seinem letzten Wohnsitz verstorben. Da keine weiteren Kinder vorhanden sind, komme ich als Alleinerbe in Betracht.

Ich bitte darum, die Akten an das hiesige Amtsgericht mit dem Ersuchen zu übersenden, mich zur Annahme der Erbschaft und zur Stellung eines Erbscheinsantrages zu hören.

Mit freundlichen Grüßen

....
(Unterschrift)

Die Unterschrift muss nicht beglaubigt werden.

Die *kursiv* gedruckten Texte sind beim Ausfüllen entsprechend zu ändern.

Ausschlagungserklärung

Aloisius Willig   *67655 Kaiserslautern, 10.01.2005*
                                     Wiesenplatz 9
                                     0631/88444

Zum
Amtsgericht
66666 Musterstadt

Sehr geehrte Damen und Herren!

Wie ich erfahren habe, komme ich als Erbe der

   am 8. Mai 2004 in Musterstadt verstorbenen Thea Arm

in Betracht.

Dies habe ich Ihrem Schreiben vom *06.01.2005* entnommen, das am *09.01.2005* bei mir eingegangen ist.

Hiermit schlage ich die mir angefallene Erbschaft nach Thea Arm aus allen Berufungsgründen aus.

Ich bin am *26.12.1933 in Kaiserslautern* geboren.

Da meines Wissens der Nachlass überschuldet ist, gehe ich davon aus, dass Sie für die Entgegennahme dieser Erklärung nur die Mindestgebühr heben.

Ich bitte Sie mir den Eingang der Ausschlagungserklärung zu bestätigen.

Mit freundlichen Grüßen

....

Die Unterschrift muss unbedingt **öffentlich beglaubigt** werden. „Amtliche" Beglaubigung genügt nicht. Nur wenn im betreffenden Bundesland (wie in Kaiserslautern, wo der Bürgermeister hierfür zuständig ist) das Landesrecht eine „Beglaubigungsbehörde" vorsieht, kann die Ausschlagung auf diese Weise erklärt werden. Anderenfalls muss man zum Notar (der aber die Erklärung selbst formuliert und schreibt). Oder aber, man muss zum Nachlassgericht fahren oder die dortigen Akten zum Wohnsitzgericht übersenden lassen.

Nicht zur Beglaubigung zuständig ist das Gericht, sind Rechtsanwälte, die keine Notare sind, sind die Pfarrämter oder die Polizeibehörden.

Da die schriftliche Erklärung innerhalb der Frist beim Nachlassgericht eingehen muss, soll sie am besten per Einschreiben/Rückschein übersandt werden.

Falls das Nachlassgericht eine schriftliche Mitteilung über den Anfall der Erbschaft übersandt hat, muss der Briefumschlag mit dem Poststempel aufbewahrt werden.

Die kursiv gedruckten Texte sind beim Ausfüllen entsprechend zu ändern.

Bestattungsrecht

Im Deutschen Reich regelte das Gesetz über die Feuerbestattung vom 15.05.1934 (RGBl. I Seite 380), in welcher Reihenfolge Angehörige befugt waren, Feuerbestattung statt Erdbestattung zu verlangen, soweit der Verstorbene dies nicht durch eine eigene Willensbestimmung verfügt hatte. Obwohl das Gesetz ursprünglich nur für die Frage, ob Feuerbestattung oder Erdbestattung verlangt werden konnte, eine Regelung getroffen hatte, wurde seitens der Rechtsprechung und Literatur angenommen, dass die dort getroffenen Regelungen auch für einen Streit über den Ort der Erdbestattung anzuwenden seien.

Das Grundgesetz weist die Bestattungsfragen dem Landesrecht zu, weshalb das vorgenannte Gesetz als Bundesgesetz nicht mehr weiter gelten konnte. Es wurde jedoch ursprünglich von den Bundesländern als Landesrecht übernommen und entsprechend angewandt. Inzwischen haben fast alle Bundesländer eigene Gesetze geschaffen. In manchen Ländern wurde das Feuerbestattungsgesetz formell aufgehoben. Diese Länder werden in der nachfolgenden Aufstellung mit + gezeichnet. In anderen Ländern ist es durch die landesrechtliche Regelung überholt und einzelne Länder wenden es heute noch ausdrücklich an.

In der nachfolgenden Zusammenstellung des Landesrechtes – Internet-Abfrage vom November 2004 – beziehen sich die angegebenen §§ auf die Frage, welchen Angehörigen und in welcher Reihenfolge das Recht der Totenfürsorge zusteht, soweit ein Wille des Verstorbenen nicht feststellbar ist. Es sind üblicherweise die gleichen Angehörigen, welche auch verpflichtet sind, die Bestattung einzuleiten.

Baden-Württemberg +
Regelungen finden sich in § 31 i. V. m. § 21 Abs. 1 Satz 1 des Bestattungsgesetzes vom 21.07.1970 (GVBl. Seite 369), zuletzt geändert am 07.02.1994.

Bayern +

Regelungen finden sich in § 1 Abs. 2 i. V. m. § 15 Abs. 2 Nr. 1 des Bestattungsgesetzes vom 24.09.1970 (GVBl. Seite 417), zuletzt geändert am 10.08.1994.

Berlin +

Regelung in § 16 des Bestattungsgesetzes vom 02.11.1973 (GVBl. Seite 1830), zuletzt geändert am 21.09.1995.

Brandenburg

Regelung in § 20 des Brandenburgischen Bestattungsgesetzes vom 07.11.2001 (GVBl. I/01 Seite 226).

Bremen +

Regelungen finden sich in § 19 i. V. m. § 4 Abs. 1 Nr. 1 des Gesetzes über das Leichenwesen vom 27.10.1992 (GBl. Seite 129), zuletzt geändert am 25.03.1997.

Hamburg +

Regelungen in den §§ 10, 22 Abs. 4 des Gesetzes über das Leichen-, Bestattungs- und Friedhofswesen vom 14.09.1988 (GVBl. Seite 167), zuletzt geändert am 13.11.1995.

Hessen

Für die hier anstehenden Fragen ist das Feuerbestattungsgesetz noch anwendbar. Dies ergibt sich aus § 14 des Gesetzes über das Friedhofs- und Bestattungswesen vom 17.12.1964 (GVBl. Seite 225), zuletzt geändert am 04.11.1987.

Mecklenburg-Vorpommern +

Eine Regelung findet sich in § 9 Abs. 2 des Bestattungsgesetzes vom 03.07.1998 (GVOBl. Seite 617).

Niedersachsen

Auch hier ist das Feuerbestattungsgesetz noch anwendbar. Dies ergibt sich aus § 9 des Gesetzes über das Leichenwesen vom 24.06.1970 (GVBl. Seite 142), zuletzt geändert am 05.12.1983.

Nordrhein-Westfalen +
Eine dürftige Regelung in § 2 der „Ordnungsbehördlichen Verordnung über das Leichenwesen" vom 07.08. bzw. 20.10.1980. Ob die beabsichtigte Neuregelung inzwischen erfolgt ist, war nicht festzustellen.

Rheinland-Pfalz +
Regelungen in § 8 Abs. 3 i. V. m. § 9 Abs. 1 des Bestattungsgesetzes vom 04.03.1983 (GVBl. Seite 69), zuletzt geändert am 06.02.1996.

Saarland
Die Polizeiverordnung über das Bestattungs- und Leichenwesen vom 18.12.1991 (Amtsblatt Seite 1414) enthält keine Regelung. Es ist davon auszugehen, dass die Gerichte deshalb das Feuerbestattungsgesetz weiter anwenden werden.

Sachsen +
Eine Regelung findet sich in § 10 des Sächsischen Bestattungsgesetzes vom 08.07.1994 (GVBl. Seite 1321).

Sachsen-Anhalt
Eine Regelung findet sich in § 16 i. V. m. § 14 Abs. 2 des Bestattungsgesetzes vom 05.02.2002.

Schleswig-Holstein
Eine Regelung findet sich in § 7 Abs. 3 i. V. m. § 4 Abs. 1 der Landesverordnung über das Leichenwesen vom 30.11.1995 (GVBl. Seite 395).

Thüringen
Es konnte kein Landesgesetz im Internet festgestellt werden. Somit wird wohl das Feuerbestattungsgesetz noch anzuwenden sein.

Weiterführende Bücher

Dieses Buch konnte natürlich nicht alle Fragen beantworten. So wurde z. B. das Wissen um die Regeln der gesetzlichen Erbfolge und die Grundzüge einer Testamentserrichtung als bekannt vorausgesetzt. Wer Informationen zu speziellen Fragen sucht, findet diese in den nachfolgend genannten Büchern.

Das aktuelle Erbrecht (Herbert Bartsch)
10. Auflage ISBN 3-8029-3525-X   9,95 EUR
Das Buch bietet eine gedrängte, aber gute Übersicht über das gesamte Erbrecht. Die gesetzliche Erbfolge wird genau erklärt, insbesondere das Erbrecht der nichtehelichen Kinder.

Sehr übersichtlich ist die Darstellung des Erbrechtes nach Lebenssituation (Alleinstehende, Verheiratete mit und ohne Kinder etc.). Auch das Übergangsrecht zum DDR-Recht wird kurz erklärt.

Erb-Checkliste Vorsorge für den Erbfall (Kerscher-Rudolf-Tanck)
2. Auflage ISBN 3-8029-3956-5   9,95 EUR
Das Buch erklärt ausführlicher die hier nur kurz erwähnten Möglichkeiten der Vorsorge, auch durch Schenkung und Erteilung einer Vollmacht.

Schenken und Erben ohne Finanzamt (Irmelind R. Koch)
5. Auflage ISBN 3-8029-3669-8   9,95 EUR
Ausführlicher Ratgeber zu Fragen des Erbschaftsteuerrechtes und der Gestaltungsmöglichkeiten zur Steuerersparnis.

Erbvorsorge jetzt! (Herbert Bartsch)
4. Auflage ISBN 3-8029-3633-7   9,95 EUR
Das Buch beschäftigt sich mit der frühzeitigen Planung des eigenen Nachlasses.

So schreibe ich mein Testament (Finn Zwissler, Sascha Petzold)
ISBN 3-8029-3763-5   8,95 EUR
Umfassender Ratschlag für die Abfassung eines eigenhändigen Testamentes.

Soll ich mein Haus übertragen? (Günter Mayer)
2. Auflage ISBN 3-8029-3781-3   11,50 EUR

Das Buch wendet sich an alle, die erwägen, zu Lebzeiten Haus und Grundbesitz zu verschenken. Es zeigt die Gestaltungsmöglichkeiten für die eigene Altersfürsorge und vor allem die Risiken auf. Dabei werden die Grundzüge der gesetzlichen Erbfolge, die Schenkung-steuer einschließlich der Berechnung des Steuerwertes eines Hauses sowie die Fragen des Ausgleichs bei Schenkung an eines von meh-reren Kindern erörtert.

Immobilien günstig ersteigern (Günter Mayer)
6. Auflage ISBN 3-8029-3628-0   9,95 EUR

Eigentlich richtet sich das Buch an jene, die bei einer Zwangsverstei-gerung mitbieten wollen. Im 9. Kapitel wird aber erklärt, dass man gegen seinen Willen nach Erbschaft oder Ehescheidung in eine „Tei-lungsversteigerung" verwickelt werden kann, wie man sich dann verhält und auch, wie man bei Bedarf selbst einen solchen Antrag stellen kann, wenn sich die Miterben einer vernünftigen Teilung widersetzen.

Vorsorge-Mappe

Auch eine optimale Information der Erben durch die vorgenannten Bücher hilft ihnen kaum weiter, wenn sie die erforderlichen Urkun-den und Unterlagen nicht finden. Diese sollten also geordnet und griffbereit sein, z. B. in einer Vorsorge-Mappe.

Besonders empfohlen wird

- Die neue Vorsorge-Mappe des Walhalla Fachverlages mit Arbeitsblättern, Musterbriefen und Dokumenten, DIN-A4 Ringordner, ISBN 3-8029-1331-0 zu 19,95 EUR.

- Die elektronische Vorsorge-Mappe, ISBN 3-8029-1335-3 zu 29,50 EUR, dazu ein Ringordner zur Ablage der Dokumente 15,60 EUR.

Findex